语文专题学习设计指导丛书

北京师范大学基础教育合作办学平台核心资源

何时铸剑为犁

战争专题

苏锦绣◎编著

主　编　张秋玲　郑国民　屈　浩

副主编　杨　雪　迟超智　张洪玲

编　委　唐建新　田红艳　吴　泓　苏锦绣　彭莉琼　王中伟
陈大伟　方孟珅　金英华　吴林俊　王凤瑜　章美玲
黄勇智　邱晓云　张丽萍　丘小云　夏　敏　黄玉慧
罗　丹　上官卫红　邱道学　刘志江　王忠亚　谢政满
麻　琰　迟　旭　刘艳红　金　亚　黄　欣　佘小涵
张漫漫　光明明　李　克　禹明超　姚舒扬

北京师范大学出版集团
BEIJING NORMAL UNIVERSITY PUBLISHING GROUP
北京师范大学出版社

图书在版编目(CIP)数据

何时铸剑为犁：战争专题/苏锦绣编著. —北京：北京师范大学出版社，2017.5
（语文专题学习设计指导丛书）
ISBN 978-7-303-22300-8

Ⅰ.①何… Ⅱ.①苏… Ⅲ.①中学语文课-初中-教学参考资料 Ⅳ.①G633.303

中国版本图书馆 CIP 数据核字(2017)第 099205 号

出版发行：北京师范大学出版社 www.bnupg.com
北京市海淀区新街口外大街 19 号
邮政编码：100875
印　　刷：北京强华印刷厂
经　　销：全国新华书店
开　　本：787 mm×1092 mm　1/16
印　　张：10.75
字　　数：224 千字
版　　次：2017 年 5 月第 1 版
印　　次：2017 年 5 月第 1 次印刷
定　　价：24.00 元

策划编辑：张洪玲　　责任编辑：光明明
美术编辑：王　蕊　　装帧设计：王　蕊
责任校对：陈　民　　责任印制：孙文凯

谈谈专题学习

以语文学科为轴心重建的学校课程结构由专题学习、创意学习、实践学习三个模块构成，其中，专题学习模块立足于每个人都是信息平等的拥有者、接受者、学习者、使用者、创造者和传播者，利用现代信息网络技术构建一个人人得读、人人得写、人人得发表、人人受关注的语文学习环境。它在继承传统语文学习优势的基础上，提出了“阅读经典—成就自我—点亮人生”、“帮助师生成为更好的自己”的课程目标。“语文专题学习设计指导”丛书中呈现的每一个专题都在阐释“学会阅读”及“在阅读中学习”的理念；同时，尽力将师生隐性存储的阅读经验，借助相关技术手段进行了可视化呈现，旨在促使读者能通过隐性经验的借鉴，成就自我，彰显独特，做“唯一”的自己，成为集体中不可替代的个体。

一、什么是专题学习

本套丛书所说的“专题学习”是语文专题研究性学习的简称。专题研究性学习是针对语文学科中值得探究的学科知识、问题进行专门的调查与探究，最终由学生依据调查过程与探究结果，得出符合常识、情理、逻辑的探究结论。有了探究结论之后，再把探究的过程、运用的方法和获得的结论用规范的文章样式、撰写成具有一定专业性、学术性、综合性较强的探究小论文。

专题仅是模块组合的一种教学单位(单元)，是基于互联网的技术手段研发的一种新型课程形态(见图 1)。它以学生不同阶段身心特点、认知策略、思维品质中亟待解决的“根问题”为内核(图 1 中心点的学习问题)筛选、整合学习材料(图 1 中箭头向内的文本 1……n)，利用互联网即时、交互、存储的强大功能，运用发现学习和随机介入的教学法，实现学生自主、合作、探究的个性化学习，以增益学生心智、养成精神品质、积淀生命智慧、发展“辐射－聚合”式立体言语思维为宗旨的语文课程形态。

二、专题学习的特点

与传统语文学习进行比较，模块课程下的专题学习具有以下六个鲜明的特点。

1. 言语思维

霍华德·加德纳的多元智能理论将人的智能分为九种，不同的人会因外界环境，特别是家庭环境的影响而表现出一种或几种智能偏好。多元智能理论中的语言－言语

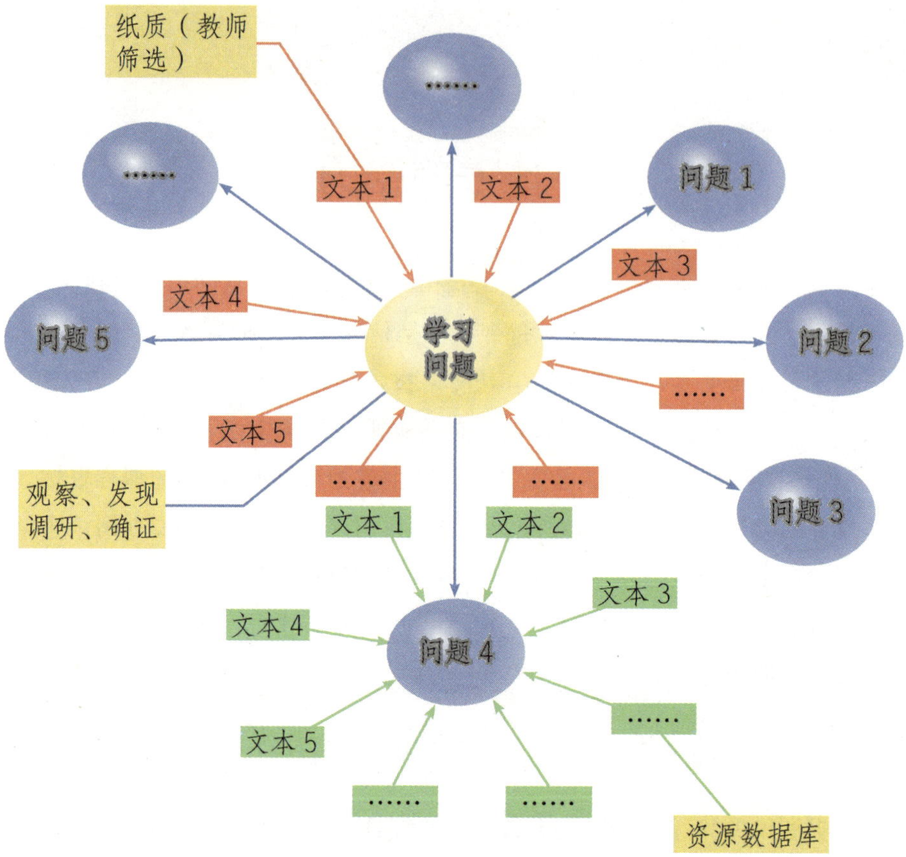

图 1　模块课程·专题学习的课程形态

智能是与语文学习联系最为紧密的一项智能结构，是人之所以为人的核心智能，也是20世纪20年代俄国心理学家维果茨基在他的《言语与思维》中提出的“言语思维”。言语思维不是言语加思维，而是言语通过它表达思想的一种媒介机制，思想运动到词的过程就是在这里完成的。这就决定了语文的学习不能仅仅拘泥于听、说、读、写这些可视化技能的发展，而是要突破局限，关注影响听、说、读、写水平高低的言语思维的成熟度与发展水平，没有言语思维的成熟与发展，听、说、读、写的发展就成了无源之水、无本之木。据此，专题学习构建了“思维为主线，读写为两翼”的课程逻辑，“读—思—写”三位一体的课程框架，围绕语文核心素养的四个层级，由外至内、由显至隐地确定了“阅读者—思考者—思想者”等促进言语思维机能发展的三个层级。

2. 完整经典

所谓“完整经典”，是相对于百多年来语文教科书中的节选课文而言的，专题学习主张在通读一篇无删节的文章，或一本完整的书的基础上，结合阅读中发现的问题进行系统的、有序的拓展阅读。阅读中，建立起把“这一”问题放到整篇文或整本书的宏观布局中进行思考，在比较与联系中增进思维的广度和深度。“完整经典”的外延是宽泛的，不仅仅是文学作品，也包括哲学、科学、历史等各领域的经典之作，如，蒋廷黻的《中国近代史》、法布尔的《昆虫记》、霍金的《果壳中的宇宙》、斯维拉娜·亚历塞维奇的《切尔诺贝利的回忆：核灾难口述史》等。这些都可成为专题学习的阅读材料。

3. 专题研读

“专题研读”是专题学习实践层面的特点。专题是指“专门研究或讨论的题目”，是以“题”(问题、话题、课题、主题)为最小学习单位及学习起点组合而成的一组学习材料；研读不是指学术意义上的为研究而阅读，而是指个体借助阅读材料不断修正认识，调整思考，完成学习的过程。专题是为了集中，研读则是为了深入。“集中”体现在学习内容的集中、学习时间的集中和学习专注力的集中。“深入”则体现为对学习材料做读进去、跳出来的穿透式阅读，对问题进行触及本质的纵深思考。

4. 读写一体

专题学习中的“写”与“读”一脉相承。每一个专题学习都是在 15～25 天的时间内，围绕一个人，或一类作品、一个问题、一个事件等反复阅读，弄清楚所读问题的来龙去脉。读是写的前提和基础。“读”是在学习他人如何发现问题、观察问题、确定问题、分析问题、论证问题、得出结论，是学生积累知识、积累经验、积累思想的过程；“写”是内化、吸收、继承、超越与创造，是学生在自己的文字中利用从“读”中学来的方法，积累的语言，形成的思想，用自己的文字向他人表达思考，传递思想，是对学生有没有创造力和想象力的考量。

5. 随需而教

随需而教的“需”是指处于真实情境，解决疑难时的学习之“需”，是学生阅读时遇到的具体而微的真问题、真困难。随需而教中常用的策略是“变”，包括学习之变和资源之变两个方面。学习之变体现在学生初步接触学习材料时形成的浅认知会随着阅读的持续、累积而走向对问题的深层思考，“教”也必然随着“学”之变进行调整。“教”还会随着资源之变而调整，一是依据特定群体学生的问题及学习需要对前期准备好的学习资源进行调整与更换，这是由学习问题变化带来的文本之“变”；二是依据学生的学力水平对学习资源进行的抽换与增补，这是学情之“变”引发的“教”之变。此“变”要求教师必须具备针对学情之变及时调整课程内容、学习进度、教学策略的能力。

6. 网络平台

网络平台是专题学习得以实施的技术保障。进行专题学习，需要在网络平台上利用移动互联网、大数据、云存储建立起一个个虚拟教室，学生可根据自己的学习偏好选择虚拟班级进行学习，可以利用虚拟班级中的资源数据库、作业提交、交互问答、讨论空间、学习仪表盘、智能评估等工具，在丛书各个专题的导引下，自主完成选定的专题，从而实现个性化的语文学习。

三、开始一个专题的学习

每一个专题均由专题方向、专题准备、专题实施、专题评价四大板块构成，每个板块又有一些具体的栏目。下面结合丛书的整体设计对各个板块和一个个小的栏目详细说明，以便顺利开始一个专题的学习。

（一）专题方向

当你翻开这本书时，首先看到的便是“做一个阅读者”，或“做一个思考者”，或“做一个思想者”三个方向中的一个，这是专题的定向，即要求完成这个专题的学生在各层级的哪些方面必须有所增益。这是基于维果茨基的“言语思维”理论学说，结合 16 年对青少年言语思维发展特点的观察研究而确定的。在开启一个专题的学习之前，学生首先就要弄清楚如何才能把自己变成一个真正的阅读者(思考者或思想者)；成为“××者”要学习哪些基本策略；掌握了这些基本策略、完成了专题中编排的学习活动与任务后，自己能独立做些什么事情。

1. 做一个阅读者

阅读者是一个理性而谦逊、能将文本特质与生命思考进行有机融通的人。他能依据阅读目的、文本类型，自动、灵活、快速、有效地使用不同阅读策略，熟练地完成预设的学习任务；或者能依据阅读期待，设计激励自我持续阅读，借助文字探索未知、获取新知、解决问题、完善自我、发展思维、涵养精神，是一个能够通过阅读独立完成知识更新，拥有过去、现在和未来的人。

一个阅读者能在学习并掌握了精读、研读、泛读、略读、速读、跳读、读图、聆听、信息加工等能力后做到：(1)定期、定时阅读；(2)主动记诵日常生活中能恰当、准确表达思想的词汇、语句；(3)阅读中能随时做圈点批注，摘录文中的关键信息及主要观点；(4)坚持在写读书笔记中积累能支持自己判断或观点的证据；(5)能在较短的时间内迅速获取重点信息；(6)能依据文本内容的显性信息进行整合，给文章撰写摘要；(7)能在文本与自我、与其他文本、与世界之间建立起合理的联系；(8)能独立发现文本中的矛盾与空白点；(9)能运用文本中的显性信息与隐性信息推测出文本未言之事/情，得出合理的结论；(10)能围绕一个问题查询、收集、甄选阅读材料；(11)能将常用的学习资源及学习网站进行分类管理及有序存储；(12)能对阅读材料进行基本的分类；(13)能通过阅读更新知识、修炼自我。

在阅读者这个层级中，学生需在教师的帮助下完成从“学会阅读”向“在阅读中学习”的过渡与转变，为接下来成为思考者和思想者做知识、能力、态度三方面的学习准备。

2. 做一个思考者

思考者是能够在日常生活中，依据当时当地的具体情境想办法、出点子、动脑筋解决真实问题的人；也是能够在纷繁复杂、杂乱无序、隔离割裂的事物之间建立起逻辑联系，在深入比较、系统分析的基础上，找到事物之间的共性规律，并从共性规律中探求事物本质的人。

“做一个思考者”要求师生共学、合作完成、发展出在多维视角、不同视野、异质思维下关照同一生活事件、社会现象的能力。一个思考者能运用观察、判断、推理、预测、排序、比较、分类、辨别、调查、建模等思维能力做到：(1)能集中注意力专注于一个特定的任务；(2)能发现他人发现不了的问题，或观察到他人没有观察到的现象；(3)能依据事物发展中呈现出来的不同状态，对事物的发展趋势做出清晰的判断与推理；(4)能对众人认可的观点提出自己独到、合理的判断，并给出充分的理由；(5)能利用文本中的关联信息，对文本内容进行推理，提出可行的假设或得出可靠的结论；(6)能在阅读、讨论中关照他人(同伴)的意见或看法；(7)能够依据占有的信息，根据当时的情况，迅速做出抉择，取其一而舍其余；(8)能与同伴进行有理有据、有逻辑的讨论与辩论；(9)能态度温和、理据充分地驳斥他人不合理的观点或结论；(10)能够计划、筹备一个大型的学习活动，并动员同伴参与。

在这个能力层级，专题学习中的每一个学习指令、学习任务、学习问题，都是为了满足学生思考与探索中的个性化学习。经历了如此思考与探索，学生当能在真实的思考互促中完善自我，成为一个精神自由、思维独立的思考者。

3. 做一个思想者

思想者是一个能够自己主宰自己大脑，不轻易将他人的谬误、讹传装进大脑的人；是一个能从纷繁复杂的信息中披沙拣金、拨云见日的人。这样的人无论在怎样的情境中，基本都能够站在客观、中立的立场上摆脱盲从，运用自己的思考洞见事物真貌，做出理性判断，形成独立见解，发表独到观点。

一个思想者能够运用概念、概括、分析、说明、解释、陈述、描写、论证、转述、举例、评析、演说等表达能力，有逻辑地做到：(1)能基于生活事件、社会现象表达自己独到的观点；(2)能有条理、逻辑清晰地表述自己的见解；(3)能用不同的表达方式解释或表达见解；(4)能从繁杂的信息中辨析某类信息的合理性；(5)能就某一观点，理据充分地表达见解；(6)能对生活事件、社会现象进行辩证性评析；(7)能对群体中的分歧进行融合理解，提出一个能令分歧双方均能接受的方案；(8)能自觉、主动地反思已完成的学习任务，从中吸取教训，总结得失。

在这个层级，要求师生一起成长，能洞察未知，具有远见卓识，不人云亦云，不老生常谈，不以讹传讹，能用精准、恰当的语言表达体现自己独立思考、精神自由的真见识、真观点、真思想。

(二)专题准备

“专题准备”是开启一个专题的学前准备阶段。学生要按照书中的要求或规定做好专题学习的各项准备。

1. 依据自己的真实学习水平，完成学习力调查问卷，确定自己的学习层级——基础层级、拓展层级、挑战层级。

2. 按任务类型购买笔记本及学习用纸，并对笔记本进行记录分区。

3. 按要求，按版本购买阅读书目。

4. 阅读在线课程手册，同时熟悉网络平台上的各功能按钮。

5. 建立云端学习空间，依据课程手册的要求完成空间的分类。

6. 明白该专题的学习价值，需提交的阶段性学习成果、评价方式及标准，终结性学习成果、评价方式及标准。

7. 明白专题学习资源的类型及层级。

(1)学习资源的类型

①原作研读

“原作”包括文章与书籍，是专题学习最为基础的学习材料；“研读”就是通过教师的带读、导读，把学生引回到文化的起点，让学生沉进文本，用自己的心理触觉“还原”经典作品的要义。专题学习融进了“以史解经典”“以理释经典”“以情悟经典”“以生命读经典”的方法论，这些方法需要学生在研读中慢慢融通成一种内在的学习力。

②背景材料

背景材料包括作者传记、生平轶事、创作心理、思想波动、时代语境等。它的功能是帮助学生以“己意”去“逆”作者或作品之“志”。在“逆”的过程中，既不能完全抛弃学生的“现在视域”，也不能把作者的“初始视域”简单地纳入自己的“现在视域”，而是要把这两种不同的视域融合起来，形成一个融作者视域进入“我”之视域的全新视域，在不断追寻作品之意、作者之志的过程中，形成自己独到的阅读诠释。

③鉴赏解读

鉴赏解读渗透的是“缀碎为整”的方法论，鉴赏解读的学习材料多是针对原作中的某个学习点进行鉴赏、解析。在此可以读到不同学者对同一作品(者)的解读、辨析、评述。学生可以通过阅读这类文章甄别他人的观点，整合众人的思考，形成有据判断，做到横向拓展，纵向挖掘，在借鉴、接纳、吸收中提升批判与创新的思维意识，形成独立解决问题的能力。

④互文比读

互文比读是一种以文解文的重要阅读策略。在阅读这组文章的时候，学生将运用比较、联系、求证的思维方式，在不同的文章之间寻找相关(似)点或差异点，同时在文章与文章之间勾连出外部楔入与内部自洽形成的卯榫结构，在由读而写、由写而读的反复过程中，在这组文章中往返来回穿梭几次，拓宽思维的宽度与厚度；在对比类推、举三反一的过程中，发展就事论理的能力，让自己建立一个多感官联动的立体思维模式。

⑤学生习作

学生习作是专题学习中不可或缺的重要资源，这些同龄人的学习成果是学习与效仿的最佳对象。这些习作能帮学生打开思维的触角，延展思维的广度，提供研读与写作的参考角度，同时，也能帮学生建立自信、突破自我。它告诉我们，只要依据本书的步骤，遵循教师的指导，完成1～2个专题之后，谁都能写出这样有独到见解的优秀习作。这些习作有的是对专题学习材料中提供的研究结论进行的质疑、驳斥，校正、完善；有的是对一些常识性的理解与问题提出的新思考；有的是对某一个事物进行考证后，利用新证据对已有结论进行的物证补充。总之，凡入选学习成果的习作，除考察语言表达是否精准、论证是否严谨之外，更重视习作本身能否反映学生对所论问题的个性化思考与深度论证。

(2)学习资源分层

基于前期的实验数据，丛书中的每个专题均对原作(著)、背景资料、鉴赏解读、互文比读等4类学习材料依据学情及文本难易进行了“基础阅读”“拓展阅读”“挑战阅读”的层级划分。基础阅读是底线，是要求班内所有学生进行精读、研读的必读文本；拓展阅读是发展差异，学生可依据个人的阅读能力、理解水平、学习偏好，根据自己的实际需要，按要求、有目的、有针对性地进行必读与选读文本的自由搭配；挑战阅读是鼓励创新，如果拓展层级的学习未能解决学生的问题，他就可以到专题学习的网站自由选取资源包中的学习材料进行自主学习与创作。为挑战阅读选编的学习材料、设计的学习任务，已不是一般意义上的材料与内容，多是针对特定的研究点，辑录专家学者在这些研究点上进行的多维研究。这些资源只是让学生知道，针对这一问题还杂存其他不同的声音，需要在甄选中思考。

8. 通读学习目标，选定自己的学习目的地。

学习目标是学生学的目标，不是教师教的目标，是指在专题学习的慢推、慢导、慢学、慢思的过程中，个体对自选学习内容达成度的预设，强调的是个体想学什么，如何学，学到什么程度。依据《普通高中语文课程标准》(修订征求意见稿)设计的语文核心素养层级，丛书将每个专题的学习目标从语言目标、思维目标和价值目标三个角度进行设定。

(1)语言目标

语言目标中的学习内容及目标要求，是依据前期的实验数据设定的保底目标。每个专题所选学习材料均具有个性化的言语形式、独到的言语思维、特定的“情—思—意”品质等规律性的语言知识。只有在这个专题中能遇到这些规律，这需要依据个体的大脑认知图式尽可能多地积累、整合、存储、内化这些代表作品生命力的动态语言素材。学生可以在保底目标的基础上，依据学习力增减数量与难度，为自己设定一个适合的语言学习目标。

(2)思维目标

思维目标重在依据个体的思维偏好，教给学生基本的思维策略，培养思维能力，优化思维品质，提升思维水平，重点开发学生“分析、评价、创造”等高阶言语思维能力。专题学习语境中的思维能力专指言语思维，是作家在特定作品中呈现出来的个体思维方式，这种思维方式与作家个性化的言语风格、言语特色密切相连，它借助独特的言语单元——词义，在每个作家的言语与思维之间建立起了固定的匹配关系，它使读者一看到言语方式就大体能确定是谁的作品，这是在专题学习中重点学习的内容。学生在积累个性化言语表达思维的共性与规律性知识中形成自己独到的思维风格，并有意识、有针对性地加以培养。

(3)价值目标

价值目标是对语文核心素养中“审美鉴赏与创造”“文化传承与理解”的整合表述。每个专题的价值目标，均是依据具体的专题内容，针对个体学生成长中所需要的关键的、少数的、必要的因素进行的概括与提取，是“你之所以成为你”具体的差异化价值。学生一般都能从每个专题中找到与自己的生命密码相匹配的文化基因，种下一颗烙着自己生命印迹的“审美鉴赏与创造”“文化传承与理解”的种子。这颗种子蕴藉着一股引爆精神力量的“炸点”，这个“炸点”就是学习此专题的价值目标。

(三)专题实施

这个板块是专题学习的核心。为了更精准地描述专题学习对当下语文学习的翻转，体现出与传统语文学习不同，丛书引入了一些概念。这些概念是整个专题学习研究团队和丛书编著团队几经研讨、争论而确定的。

1. 课段

与大家熟知的课时不同，“课段”是指在专题学习持续进行中，完成一个相对独立的知识点或能力点、态度点所必需的时间段。一个课段需要多少课时是不固定的，一般是依据学习任务的难易、学生的基本学力进行弹性计划与调整。课段可长可短，长的可长到数十天，短的可短到数十分钟。无论是数十天，还是数十分钟，只要完成了一个相对独立、完整的“点”就是一个课段。

2. 学习任务

专题学习中的“学习任务”或学习活动均安排在课文之前，学生选择完成。课文与任务匹配是相对固定的，任务仅仅是各类学习材料的黏合剂，在各课段之间建立起读一思一写的逻辑联系，使前一个课段产生的学习成果自然转成下一个课段的学习资源。

3. 师生共学

“师生共学”主张师生是一个学习共同体。在这个共同体中，教师与学生一起探讨、学习一种能解决相关问题的策略，师生一起面对新的学习情境、问题语境，针对同一问题/任务，相互辩难、相互支持、相互鼓励，共同营造出一个适于师生共同提升的学习时空，共商问题解决、任务完成的渠道与途径。在如此的教学现场，教师不再是知识的代言人和宣讲者，而是学习过程中的观察者、协助者、陪伴者、喝彩者和分享者。

4. 师者助读

“师者助读”一般是针对那些难度较大，但又不能更换，依靠学生原有阅读能力难以读通、读懂的课文而设计的阅读指导，提供的阅读策略，点出的阅读重点。它是根据课文的难易度匹配学力水平而设计的，是一个极其灵活的小栏目。

5. 同伴分享

“同伴分享”的材料均出自学生之手，是为专题中的“学习任务”“问题探讨”“质疑思考”“讨论分享”等示例的作答内容、方向和方式。这些编选在“同伴分享”栏目中的作品并非都是优秀学生的作品，有许多是在班级中经常不被关注的孩子的作品。可以说，专题学习给了那些被忽略的学生一个发掘潜能、展现自我、脱颖而出的机会。这些被分享的作品有一个共同点，即它们都是学生在阅读中形成的独特思考，有些甚至能够在质疑“权威”的同时给出有理有据的逻辑分析。

6. 小贴士

“小贴士”是针对专题学习过程中可能遇到的问题、需要的策略、学过的知识、生活的常识而设计的，在此仅起提醒的功能，供需要者自行选用。依据我们的实践经验，这些问题、策略、知识、常识并非是所有学生都需要的，只是一部分甚至几个学生需要。这些小贴士可帮助需要者进行不间断的持续的学习。

(四)专题评价

专题学习在重视成绩、强调进步、关注发展的同时，更看重学生在自我检讨、自我反思的过程中完成规定及自选学习任务时的自我管理，看重学生在获得新知、增进学力、发展心智、增益精神中的生命成长。由于完成一个专题的时间跨度多在15～25天内，对于心智尚未成熟的学生而言，遗忘是很正常的。专题评价为帮助学生克服前学后忘的弊病，设计了专题回顾、师生反思两个栏目。

1. 专题回顾

“专题回顾”环节依据学校周边及所在地域的社会资源，结合专题学习内容设计了综合性学习活动，意在敦促学生通过完成1～2个感官联动的真实、综合的学习任务，回顾、梳理在“这个”专题中学到的新知识、新技能、新思维、新习惯，并将其转化为后续学习的认知策略。与专题实施中各课段的学习任务相比较，专题回顾中学习任务的整合性与综合性更强。它重视真实生活中已有问题的再现设计，寄望学生能运用真知识、真技能、真策略参与真实问题的解决过程。

2. 师生反思

鉴于专题学习中“精彩的发言瞬间消失、课堂生成难以复现”的遗憾，教师会从教的角度，学生会从学的角度进行反思。反思的内容可以是指出问题、总结经验、分析得失、评点优劣、言说感悟。丛书中每个专题所附师生反思，除示例外，还有提醒和喻诫的作用。提醒即将做此专题的师生规避该“师生反思”中描述的教学缺憾，喻诫学习推进中可能遭遇的障碍与困难。

编写这套丛书的初衷缘自心疼孩子，想让孩子在这套丛书中学得有效、有趣、有料、有种、有聊、有品、有质，今天这个夙愿终于实现了。丛书从四个方面呈现了编著者的思考：一是示例。专题学习的理论概括与实践探索已被写进了《普通高中语文课程标准》(修订征求意见稿)，这套丛书以案例的形式呈现了课程标准中的诸多概念是如何在教学实践中得以落实的，丛书涉及的每一个专题都是课程标准中一个学习任务群的代表性案例。二是引路。此次《普通高中语文课程标准》(修订征求意见稿)颠覆性地重构了“学习任务群”，将专题学习作为主要的学习路径加以提倡与力推，这套丛书就是将学校、师生、家长从“此岸”摆渡到“彼岸”的渡船。三是探路。专题学习作为当前语文教学困厄的突围之举，虽然得到了业界人士的普遍认可与赞同，但就我国语文教学的现状及师资素质而言，距离在全国进行大规模推广还有一段很长的路要走。据此，丛书确定了师生互教共读、教学相长的推广理念。四是试水。专题学习的另一个追求是为教师与学生的发展提供个性化的成长环境，协助他们发展成更好、更棒的自己。为了达到上述四个目的，也为了使日后践行专题学习的老师们能按图索骥，不再摸着石头过河，我们在总结团队每一位教师教学实践的基础上，研制出这套设计与实施专题学习的基本框架。

专题学习是一趟让你既能学得有趣，又能发展独立思考，还能获得好成绩的学习旅行；是一场想学、能学、耐学，按个体时速、尽自己所能不断向前奔跑的语文马拉松，每一个有坚持、有耐心、不放弃的学生，都能在奔跑中抵达自己的终点。在这场马拉松赛中，教师最要做的就是陪伴在那些能力较弱、成绩较低、步速较慢的学生左右，协助他们在漫长、孤寂的奔跑中抵达终点，享受阅读、质疑、思考、创作带来的喜悦，体验“会当凌绝顶，一览众山小”的感动和振奋！

CONTENTS 目录

1 专题方向

做一个思考者

做一个思考者

一、什么是思考

看到某地爆发战争，你也许会想，他们为什么要打仗？国际社会如何看待此事？为了更全面地了解该事件，可以采用各种搜集信息的方法，如上网搜索浏览、收看电视新闻报道、收听广播、查阅报刊、与人交谈等。对于搜集到的信息，你还会进行筛选，鉴别真伪，做出判断，最后得出结论，和他人分享你的想法。从广义上讲，这就是在思考。

下图是思考的一般流程，需要注意的是图中的每个步骤未必都会在思考中用到，也不一定都按图中所示顺序呈现，需视所思考的问题而定。

接收信息

↓

提出问题（质疑）

↓

搜集、查阅信息

↓

筛选、鉴别、判断

↓

得出结论

图 2　思考的一般流程

二、思考者需要具备的知识与技能

孔子说："学而不思则罔，思而不学则殆。"学习包括学习知识和进行实践，而将知识和实践相结合的前提是思考，因此会学习的人一定善于思考。然而，思考的能力不是与生俱来的，它以一定的知识和技能为基础，并在实践活动中不断地提高。

思考者一般需要学习以下知识与技能：

观察　在一个阳光灿烂的清晨，你可能会仰头注视暖阳普照下闪烁着的树叶，你也许会倾听林间传来的鸟鸣，这就是观察。

质疑 为什么会有雾霾？放在水里的筷子为什么看起来是弯的？扶起摔倒的老人为什么反被讹诈？大家为何对不按信号灯过马路熟视无睹？提出诸如此类的问题，就是质疑了。提出问题，便是思考的开始。

信息素养 在信息爆炸的今天，不管是主动，还是被动，每天我们都会接收到许多信息。作为一名思考者，应该具备以下基本的信息素养：1. 信息检索能力。运用信息检索工具，如工具书、网络搜索引擎获取信息的能力。2. 信息处理能力。对所获得的信息分类筛选，进行批判思考、主动鉴别、去伪存真的能力。3. 信息运用能力。对经过分析处理后的信息加以运用，用于支撑观点或解决问题的能力。

阅读 阅读时可以根据需要选择合适的阅读方法。当进行信息检索或追求对作品的整体理解时，可以进行快速浏览，甚至进行跳读；当阅读重要的文章、书籍，或精彩的段落时，则可能需要进行精读，细细揣摩。

表达 当你围绕问题进行信息搜索、处理，获得需要的信息之后，就要得出结论，和他人进行分享交流了。你可以和他人进行口头交流，也可以进行书面交流(绘画、写作等)。无论采用哪种方式，这都是在表达。你可以采用以下几种常用的表达方式。

观察记录：将你所看到的、听到的真实地叙述或描述出来。

概括：即用简明扼要的语言描述事物的共同特点或事件的主要情节，使人在短时间内把握文章的主要内容。与复述相比，概括的语言显得更为精练。

讲故事：讲述事件的发展过程。讲述时一般要交代故事中的人物，以及故事发生的时间、地点、起因、经过、结果。

议论性写作：谈体会、说看法，撰写读后感、观后感，评价他人的发言、文章等，都属于议论性写作。议论性写作要求提出明确的观点，然后围绕观点摆事实讲道理，意在表明自己的立场和看法。

2 专题准备

选题缘由

学习资源

学习目标

选题缘由

首先，从全球局势看。尽管和平与发展是当今世界的主题，但世界并不太平，战争依然存在；亚洲东部也存在诸多不稳定因素，如领土纷争、贸易冲突等，这些因素对我国的和平构成了威胁。而呼唤和平是世界人民共同的呼声，将捍卫和平的种子播撒进每个人的心中是当今世界的一大课题。

其次，从国家层面来看。每年 9 月 3 日是我国法定的“中国人民抗日战争胜利纪念日”。2015 年 9 月 3 日，我国举行了纪念中国人民抗日战争暨世界反法西斯战争胜利 70 周年阅兵式。在此之前，2014 年 12 月 13 日，国家举行了首个南京大屠杀死难者国家公祭仪式，党和国家主要领导人出席，南京全城默哀。人们势必会产生疑问：为什么要隆重举办这些纪念活动呢？习主席又为什么宣布裁军 30 万？因此，认识举办纪念活动的意义，正确理解中国人民渴望和平的呼声，将捍卫和平的种子播撒进每个人的心中，是我国当前所面临的一大课题。

再次，从社会文化环境来看。我们常常会看到所谓抗日战争、解放战争的“历史真相”被揭开的文章，一些英雄的事迹不断受到质疑，这对青少年的价值观造成一定的负面影响。比如，曾经就有人对小学语文课本中黄继光在枪林弹雨中举右臂、邱少云趴在火堆中一动不动等细节的真实性提出质疑。尽管这些课文可能在语言表述上存在问题，但是我们也不可就此诋毁英雄的形象。初中生的价值观、世界观还未形成，面对这类质疑的文章，他们会迷茫，甚至会对教材产生怀疑和不信任。在这个信息爆炸的时代，学生接收信息的渠道越来越多，信息的质量良莠不齐，人们无法也不能让孩子和这些信息隔离开来。那么，教师可以做的就是带领学生从阅读战争故事开始，谈论战争，从正面了解战争，认识战争。

最后，从认知水平来看。初中生正处于青春期，对事物的认知本身可能较为偏执，对战争的看法的确存在一些盲点，不能自觉地反思战争给人类带来的伤害。在生活中，不少同学，尤其是男生，推崇有仇必报的处事方式，常常以暴力解决争端，解决问题的方式过于简单粗暴。

综上分析，在教学中急需引导同学们树立正确的战争观，理解和平的可贵，树立捍卫和平、反对不正义战争的观念；引导同学们理解文学作品中描述的战争，正确地认识战争的性质；引导同学们明确在当今社会该用什么样的心态去看待当代战争文本及影视剧，并从战争文本、影视剧中获取生活的智慧，正确处理生活中的矛盾，用爱与宽容建设和谐的生活。

学习资源

一、原作研读

基础阅读

[德]安妮·弗兰克：《安妮日记》

孙犁：《芦花荡》

[苏联]西蒙诺夫：《蜡烛》

习近平：《在南京大屠杀死难者国家公祭仪式上的讲话》

习近平：《在纪念中国人民抗日战争暨世界反法西斯战争胜利70周年大会上的讲话》

拓展阅读

[法]雨果：《就英法联军远征中国给巴特勒上尉的信》

聂华苓：《亲爱的爸爸妈妈》

李康安：《我只是遵守战争规则》

一哲：《两个受害之城的比较》

刘晓东：《信任的境界》

吴涵碧：《孟子说故事》

许行：《天职》

吴若权：《给仇人一块面包》

[法]碧姬·拉贝，米歇尔·毕奇著，刘岩等译：《战争与和平》

挑战阅读

王开岭：《决不向一个提着裤子的人开枪》《打捞悲剧中的“个”》

二、背景材料

基础阅读

华宗德：《安妮和她的日记》

拓展阅读

高年生：《一本震撼世界的日记——〈安妮日记〉》

挑战阅读

丁刚：《〈安妮日记〉的力量》

三、鉴赏解读

基础阅读

铁凝：《怀抱着胸中那一簇火焰——孙犁先生百年诞辰纪念》

拓展阅读

程东文：《〈蜡烛〉一文中的宗教意义》

挑战阅读

程少堂：《悲欣何时交集：当代中西战争文化心理比较》

四、学生习作

林灵《一缕马鬃的飞扬——观电影〈战马〉有感》

王南燕《烙印——电影〈集结号〉观后感》《万古长青》

李逸萍《废墟中的呼唤》

孙士喆《中国的力量》《战争之道》

林雪婧《〈芦花荡〉学习后记》

吴淑颖《阅兵，一场战争》《痛——两代人谈战争》

张伟鹏《爱得沉痛》

五、电影欣赏

《美丽人生》《战马》《集结号》《钢琴师》《兵临城下》《萤火虫之墓》《辛德勒的名单》《南京！南京！》《穿条纹睡衣的男孩》《街头日记》

学习目标

一、语言目标

1. 根据学习任务积累有关战争的成语、句子、典故等。

2. 在限定的字数内对所阅读的材料进行概括。

3. 能用准确的语言有序地描述观察的画面。

4. 能用准确、流畅的语言，有逻辑、有条理地表达自己的想法，做到观点清晰，言之有理。

二、思维目标

1. 通过阅读、比较中西方战争主题文本，思考、分析中西战争文化心理的差异。

2. 通过阅读、比较一系列战争主题文本，学会对同主题、某一群组文本进行综合思考分析。

3. 养成在比较中辨析的良好习惯，学习提出问题、分析问题和解决问题的基本思维过程和方法。

4. 能围绕自己提出的问题进行探究学习：搜集信息，筛选信息，对所获得的信息做批判性思考，主动鉴别，并形成自己的观点。

三、价值目标

1. 认识纪念抗日战争胜利活动的意义。

2. 正确理解世界人民渴望和平的呼声，树立捍卫和平、反对战争的观念。

3. 通过了解作品的背景、社会意义，理解文学的时代意义，正确地认识战争文本的功能，理性评价战争文本及影视剧。

4. 从战争文本、影视剧中获取生活的智慧，正确处理生活中的矛盾，用爱与宽容建设和谐的生活。

3 专题实施

第一课段 揭开战争的面纱

从这里，老师将与你一起开始“战争专题”的学习，一起通过阅读、观影来揭开战争的面纱。

第一，你要参加一个小调查，然后观察统计表，学习用文字描述统计结果，并分析调查结果，说出你的发现。

第二，观察图片，拟标题并描述画面；再阅读习近平《在南京大屠杀死难者国家公祭仪式上的讲话》和《安妮日记》的片段等材料，通过分类积累有关战争的词语，辨析词语的感情色彩，把握演讲者的感情，撰写纪念抗战胜利活动宣传语，并思考学习战争专题的意义。

第三，了解为什么要看电影，阅读影片推荐语和同伴的观后感；然后观看至少五部电影，撰写电影观后感和电影推荐语各一个。

第四，以质疑“抗日神剧”为例，学习思考的过程：信息输入—提出问题—搜集信息—处理信息—运用信息—得出结论。然后尝试提出两个与战争有关的问题，并进行探究。

第五，了解战争专题学习过程中要思考的问题和主要的学习任务。

建议用时 6 课时，观看电影时间不含在内。

一、学前小调查

学习任务

1. 填写一份调查问卷。
2. 观察调查统计表，依据统计数据，描述调查的结果和发现。

(一)填写调查问卷

1. 我国和越南因为南海岛屿归属问题起了争端，你认为用什么方式能更

好地解决问题？（　　）

A. 武力解决　　B. 和平协商，共同开发

C. 其他________________

2. 在你认同的观点后面的括号内打“√”，不认同的打“×”。

A. 有仇必报（　　）

B. 恶有恶报，罪有应得（　　）

C. 暴力可以解决一切问题（　　）

3. 当你看到影视剧中的“坏蛋”（反面角色）被打，甚至被杀死时，你有什么感受？（　　）

A. 太好了，罪有应得　　B. 很伤感、同情　　C. 很纠结

4. 近年来掀起一股批判“抗日神剧”之风，对此你是如何看待的？（　　）

A. 不应该批判　　B. 应该批判　　C. 无所谓

5. 你认为批判“抗日神剧”会影响英雄在人们心目中的地位吗？（　　）

A. 会　　B. 不会　　C. 无所谓

（二）描述调查结果

你的 43 位同龄人参加了上述调查，下面是结果统计表，请认真观察下表，用一段话描述调查结果，并写出你从结果中发现的问题。

表 1　调查结果统计表

人数（人）/ 题号 / 选项	第 1 题	第 2 题		第 3 题	第 4 题	第 5 题
		√	×			
A	6	9	34	16	6	3
B	28	36	7	11	27	39
C	9	0	43	16	10	1

同伴分享

请认真研读下面的文段，观察如何用数字描述一个客观事实，然后看看你的描述存在哪些问题，并在教师的指导下修改、完善。

第 1 题，关于我国与越南的南海岛屿归属争端的最好解决方式，有 6 人选择用“武力解决”，占 14%；28 人选择“和平协商，共同开发”，占 65.1%；

9 人选择“其他”，占 20.9%。第 2 题，有 34 人（占 79.1%）认为“有仇必报”是错误的，9 人（占 20.9%）认为是对的；有 7 人（占 16.3%）认为“恶有恶报，罪有应得”是错误的，36 人（占 83.7%）认为是对的；43 人均不认同“暴力可以解决一切问题”。第 3 题，当看到影视剧中的“坏蛋”被打甚至被杀死时，有 16 人（占 37.2%）觉得罪有应得；11 人（占 25.6%）对“坏蛋”表示伤感、同情；16 人（占 37.2%）比较纠结。第 4 题，认为不应该批判“抗日神剧”的有 6 人，占 14%；认为应该批判的最多，有 27 人，占 62.8%；认为无所谓的则有 10 人，占 23.3%。第 5 题，认为批判之风会影响英雄地位的仅有 3 人，占 7%；认为不会影响的最多，有 39 人，占 90.7%；认为无所谓的只有 1 人，占 2.3%。

从以上数据中发现，六成以上的学生希望和平解决争端，和平成为主流认识。从数据中还能看出，有 1/3 的学生拥有较多元的价值判断，不再以简单的善恶论（好人什么都好，不可有污点；恶人都坏，死有余辜）来看待问题。

小贴士

表格式统计表一般包括表头、横栏目、纵栏目、表中数据。读表时应将横栏目、纵栏目与表中数据相对应，弄清三者之间的关系。描述表格式统计表，需要描述表中所包含的数据信息。除此之外，还可以描述表中隐含的信息，比如表中数据占抽样数据的百分比，这些隐含信息有助于读者发现问题。

二、为什么提起战争

学习任务

1. 观察图片，给图片拟标题并描述画面。

2. 阅读习近平主席的讲话稿，辨析词语的感情色彩，撰写南京大屠杀纪念活动宣传语。

3. 结合阅读材料，写下对学习战争专题的意义的思考。

(一)战争并不遥远

观察下图，完成两个任务。

图 3　艾兰·库尔迪遇难照片　拍摄者：[土耳其]尼路弗·德米尔

1. 请给这幅图拟一个合适的标题，并说说这样拟题的理由。

2. 用 150 字左右的文字描述上面的图片。

图片说明：2015 年 9 月 2 日，土耳其警方在土耳其海滩上发现了上图中男孩的遗体。小男孩叫艾兰·库尔迪，今年 3 岁，来自叙利亚，和家人搭船前往欧洲避难，却不幸遭遇翻船事故，在此事故中他的哥哥和妈妈也丧生了。9 月 4 日，幸存的父亲阿卜杜拉回到叙利亚，埋葬他的妻儿。3 个月前，极端宗教组织的一场屠杀使阿卜杜拉失去了 11 个亲人。阿卜杜拉决定不再离开埋葬妻儿的祖国，只期望悲剧不再在叙利亚上演，让和平降临到国人身边。

叙利亚内战已有五年了，目前毫无停止的迹象，无数家庭流离失所。据联合国统计，自叙利亚爆发内战以来，400 多万人逃离家园，2015 年不幸葬身地中海的难民就超过 2500 人。这张照片以静态的方式，无声地述说着战争的罪恶，但愿它能够植入世界人民的记忆之中，影响甚至改变社会。

小贴士

描述图画，就是用文字将观察到的画面描述出来。描述画面可以从下面三个方面入手：

一是你看到什么。将你看到的画面中的具体形象详细地描述出来，描述时要按照一定的顺序，比如从主要到次要，由远景到近景，从上到下，从左到右，等。

二是你想到什么。你可以在描述中融入你的感受和想象，使画面更加具体可感，形象更加生动。

三是你读到什么。作品的内涵是什么？图画从形式和内容上如何体现内涵？创作者的意图是什么？这个步骤一般在描述画面时无须进行，但是在阅读画面之后，应该做到心中有数。在描述时要紧扣作品的内涵，才不至于偏离作品的主旨。

同伴分享

概括与图文转换是语文的两项基本能力，“拟标题”是帮助你形成概括的能力，“描述图片”是帮助你形成图文转换的能力。请你仔细观察下文中这两种能力语言表达的基本句式。

1. 拟标题

标题 1：叙利亚儿童偷渡溺亡

说明：图片向我们展示了叙利亚儿童溺亡的悲惨场景。该标题揭示了这一主要内容，并说明了溺亡的直接原因。读者阅读后能马上明白图片所揭示的内容，一目了然。

标题 2：孩子，天堂没有战乱

说明：溺亡的孩子是无辜的，我们是如此无力，唯有祈愿男孩在天堂安息；世界依然战争不断，我们无力改变，唯有祈愿天堂没有战乱。这个标题从图片所要揭示的主旨入手，表达了反对战争、呼唤和平的心声。

标题 3：最让人心碎的照片

说明：图中溺亡的叙利亚男孩趴在海滩的画面令人触目惊心。这个标题从图片带给人的感受入手，以“心碎”二字突出了图片内容带给人的情感冲击。

2. 描述图片

灰黑色的海浪如鳞片似的层层叠叠，拍打着岸边的小男孩。小男孩趴在沙滩上，身穿红色 T 恤衫、蓝色短裤，脚上依然套着两只鞋子。散乱的黄褐色的头发耷拉着，几缕发丝在可见的紧闭的左眼上方翻翘着，似乎在向我们昭告着昨日的俏皮和活力。他的双手僵硬地扭在身体两侧，手掌朝天翻着。脸朝下微微侧向右边，浅浅地浸在水里，海浪拍打着他静止的脸庞。

(二)警钟需长鸣

2014 年 12 月 13 日是首个南京大屠杀死难者国家公祭日，习近平主席出席在南京举办的公祭仪式，并发表演讲。请查找习近平《在南京大屠杀死难者国家公祭仪式上的讲话》，阅读全文，辨析词语的感情色彩，把握演讲者的感情，并从文中提炼关键词作为南京大屠杀纪念活动的宣传语。

1. 读一读，指出下面两组词的感情色彩，联系上下文说说它们各表达什么情感，并注意加点字的读音。

(1)同仇敌忾　夙愿　崇高　艰苦卓绝　视死如归

(2)杀戮　蹂躏　篡改　冠冕堂皇　穷兵黩武

2. 摘录四字短语。

(1)文中有不少描述日本侵略者发动战争给中国带来巨大灾难的四字短语，请摘录五个，体会习近平主席所表达的对中国人民深受战争之苦的悲痛之情。

(2)文中有不少展现抗日战争中中华儿女精神气质的四字短语，请摘录五个，体会习近平主席所表达的对中华儿女的崇高敬意。

3. 学校举行南京大屠杀死难者纪念活动，请从以上讲话稿中提炼体现讲话者观点的关键词句，作为活动的宣传语。

同伴分享

1. 第一组词是褒义词，表达了深切缅怀南京大屠杀的无辜死难者、革命先烈和民族英雄，讴歌中华儿女不屈不挠抵抗外来侵略的民族精神的情感；第二组词是贬义词，表达了对侵略者罪行的谴责和鞭挞的情感。

2. 摘录四字短语。

(1)战火连绵　硝烟四起　生灵涂炭　苦难深重　赤地千里　饿殍遍野　惨绝人寰

(2)守望相助　相互支持　不畏强暴　血战到底　同仇敌忾　视死如归　前仆后继　共御外敌　不屈不挠

3. 撰写的宣传语。

(1)缅怀死难同胞　缅怀革命先烈

(2)坚定不移地走和平发展道路

(3)牢记历史 不忘过去 珍爱和平 开创未来

(4)南京大屠杀惨案铁证如山、不容篡改

(5)和平像阳光一样温暖，像雨露一样滋润

(6)以史为鉴，面向未来

(7)忘记历史意味背叛，否认罪责意味重犯

(8)昭昭前事，惕惕后人 永矢弗谖，祈愿和平

(9)和平而不是战争，合作而不是对抗，人类社会进步的永恒主题

(10)建设持久和平、共同繁荣的世界

(三)阻止战争，责无旁贷

作为普通公民，有必要关注战争问题。下面的文字节选自《安妮日记》，请结合这段文字，谈谈普通公民为什么要关注这个问题。

“你一定可以想象得到，我们经常绝望地问：‘战争究竟有什么意义？人为什么不能和平相处？这样疯狂地毁坏一切，到底是为了什么？’

“问这个问题，是可以理解的。但目前为止，还没有令人满意的回答。为什么他们的飞机越造越大，炸弹越造越重？同时又弄出一大堆要重建的房子？为什么每天花大把的钱打仗，却拿不出一分钱给医学研究、艺术家和穷人？为什么有些人挨饿，有些地方却有因吃不完而堆积腐烂的食物？哦，人为什么这么疯狂？

“我不相信战争只是政客和大资本家等大人物搞出来的，老百姓也是有责任的。否则，世界上的许多人早就起来反抗了！人们的心里有一股毁灭的冲动，有一种杀人和破坏的欲望。全人类不经过一次脱胎换骨的改变，就还会有战争。苦心经营、培养和成长起来的一切都会再次遭到破坏和毁灭，然后又从头来过。”①

(四)挑战思考

为什么要学习战争这个专题？请结合前面的自测及阅读，用300字左右的文字写下你的思考，尽力做到表意清楚、恰当、准确。

① [德]安妮·弗兰克．安妮日记．桂滢改写．南京：译林出版社，2010：143—144.

三、战争影片欣赏

学习任务

1. 思考观看战争电影的意义，至少列出两条。
2. 阅读影片推荐语，利用课余时间观看至少五部推荐电影。
3. 撰写一篇电影观后感。
4. 撰写一个电影推荐语。

(一)为什么要看战争电影

善于思考的人，每看完一部好电影，就像接受一次人生的洗礼，完成一次精神的重塑。有了电影的滋养，你的人生将会更加丰厚，你的精神会越发充盈。

战争电影和其他电影相比，给人带来更多的教育意义。首先，战争电影往往会塑造形象美好的英雄形象，英雄的仪表、人格魅力会给人美好的感受，激发人们对爱国主义情怀的向往。英雄的形象将成为人们的榜样和偶像，激励人们追求美好与梦想。其次，战争电影大多以历史上的真实战争为题材，因此观看战争电影，就是在了解历史、了解战争。最后，战争的破坏性和残酷性给人带来深刻的反思，使人们更加爱好和平，珍惜来之不易的美好生活，引导人们反思战争中的美与丑、善与恶、正与邪。

总之，在和平中长大的你，观看过战争影片，更能体会到战争给人类带来的灾难，体会到和平的珍贵。当然，你也会体会到在残酷的战争背景之下，连那浓浓的硝烟也无法掩藏的熠熠生辉的人性之光。

(二)影片推荐

1.[意大利]《美丽人生》：美丽的谎言成就美丽人生

《美丽人生》，一部超越常规的黑色喜剧片，被誉为“一副医治战争创伤的最佳良药”。

该片中，一对犹太父子被送进了纳粹集中营，父亲利用自己的想象力扯谎说他们正身处一个游戏当中。由于父亲的努力，儿子幼小的心灵没有受到伤害。最后父亲惨遭杀害。

像这种描写第二次世界大战犹太集中营中悲惨生活的电影很多，最著名的莫过于《辛德勒的名单》。然而天性乐观幽默的意大利电影艺术家发挥了高超的想象力，用异想天开的方式将一种几乎已经拍烂的题材点石成金，颇有点卓别林喜剧的效果，以喜衬悲，激发出观众的同情、敬佩之心与对于和平的热爱。

观影中，你常常会爆笑不已，但是笑过之后，更多的是感动，是愤怒，是反思。

2.［美国］《辛德勒的名单》：生命与希望的名单

这是导演斯皮尔伯格众多作品中并不起眼，却绝对经典的一部。看过影片的人一定会觉得影片中的每个场景，都堪称经典。它没有壮阔的画面，没有跌宕起伏的情节，却拥有于无声处听惊雷的质朴。影片再现了奥斯卡·辛德勒于二战期间为了挽救1200多名犹太人而不停地贿赂德军军官，落得倾家荡产的故事。在影片结尾，幸存的犹太人用他们仅存的所有财富——一颗保存下来的金牙，为辛德勒铸造了一枚刻着希伯来经文“凡救人一命，即救全世界”的戒指，戒指上的话生动地诠释了辛德勒的伟大人格。

3.《南京！南京！》：不屈的反抗精神

《南京！南京！》讲述了一段“南京大屠杀”背景下的故事。通过一名普通日本士兵和一名普通中国士兵在南京大屠杀期间的经历，揭示了战争对人性的摧残。

导演陆川没有用《辛德勒的名单》的形式，描述拉贝如何拯救受苦受难的南京难民，他强调的是灾难的承受方和实施方。该片中的中国人，不再是任人宰割的软弱形象，他们以不屈的反抗精神书写了一段中国人坚强的历史。而对日本军人的形象塑造，是这部电影的一大突破。片中日本士兵角川，在杀戮中难以承受良心的折磨，最终精神崩溃，举枪自杀。

4.［美国］《战马》：跨越国界的文艺史诗

厚重的故事，大气磅礴的配乐，唯美的摄影，给我们文艺史诗般的感觉。《战马》由史蒂文·斯皮尔伯格执导，改编自英国桂冠作家迈克尔·莫尔普戈的同名小说。它讲述了一个男孩与一匹马之间非同寻常的友谊，他们被分离的命运因为第一次世界大战又重新交织在一起。

正如导演所说的，在故事中，不仅能看到战争给人带来的阵痛，更重要的是，还能看到美好和善良的人性，看到很有童趣、很天真的故事。这是一部跨越国界的文艺史诗。

5.《集结号》："英雄受了委屈的故事"

该片讲述了解放战争时期，连长谷子地率部在汶河岸执行掩护大部队撤退的任务的故事。在惨烈的战斗中，全连除连长谷子地外其余 47 人阵亡。由于部队改了番号，牺牲的烈士们被认定为失踪。为了探明当年集结号的真相，谷子地开始了艰难的寻找。

有人说，《集结号》的亮相，使得中国的战争电影终于可以距离《拯救大兵瑞恩》等不算太遥远。《新闻晚报》评《集结号》终于让中国的观众看到战争的真实面目，这是中国真正意义上的第一部战争巨片。中国的战争电影终于摆脱了英雄主义、简单的黑与白对立的模式，以普通士兵的视点，关注那在战场上或勇敢、或懦弱，甚至因战友的死亡而枪杀俘虏的普通战士。这些普通士兵不再是战争大片的团体操成员，这是中国战争影片的重大突破。

6.［美国］《兵临城下》：得道多助，失道寡助

影片讲述第二次世界大战时，苏联红军传奇神枪手瓦西里·柴瑟夫与德军顶尖的狙击手康尼少校，在斯大林格勒战役中的一场生死之战。这场战争异常艰苦，面对德军的飞机大炮坦克，苏联红军损失惨重，士气低落。为了鼓舞士气，政委丹尼洛夫把猎人出身的神枪手瓦西里塑造成了战斗英雄，人们每天都在关心瓦西里又狙杀了几个德军，苏军士气空前高涨。相反德军被连续狙杀多名军官后士气受到严重打击，于是他们从后方调来了狙击高手康尼少校。在神枪手对神枪手的较量中，瓦西里取得了最后的胜利。

影片是狙击手对狙击手的对决，又不仅仅是狙击手的对决。康尼少校只是一个人在战斗，而瓦西里身边有狙击手战友，有文宣官员丹尼洛夫，有普通少年沙查，有爱人塔妮娅。导演从这一角度展现了"得道多助失道寡助"、正义终将战胜邪恶的主题。

7.［英国、美国］《穿条纹睡衣的男孩》：孩子眼中的集中营

8 岁的布鲁诺随升迁的父亲来到远离柏林的郊区。他活泼好动、很难适应寂寞的新环境。在一次探险中，他认识了同龄犹太男孩什穆埃尔，两人玩得很开心。随着时间的推移，两个小伙伴建立了深厚友谊。当布鲁诺的妈妈发现丈夫的真实工作是在杀人工厂奥斯维辛集中营担任指挥官时，无法接受

如此血腥残忍的事实，与丈夫大吵。布鲁诺的爸爸便决定送他们去姑姑家。布鲁诺决定在临走之前进行最后一次探险——帮什穆埃尔找到爸爸，却没想到，在他穿上条纹睡衣(集中营囚服)的一刻，也就是他生命乐章即将终结的时刻。

反映纳粹大屠杀的影片很多，但如此平静、不见血腥却震撼心灵的影片却是少见。影片以小男孩的视角诠释了这场大屠杀，通过他的眼睛再现了人性本善的一面。

8. [法国、德国、波兰]《钢琴家》：寻找人性的光芒

电影《钢琴家》讲述了二战期间，一名天才的作曲家兼钢琴家，整日处在死亡的威胁下，不得不四处躲藏以免落入纳粹的魔爪。他放弃了所有热爱的东西，躲过了地毯式的搜查，仍旧顽强地活着。幸运的是，他的音乐才华感动了一名德国军官。在军官的冒死保护下，钢琴家终于熬到了战争结束，迎来了自由的曙光。伟大的钢琴家，他最好的一次钢琴演奏，不是在战后的波兰电台，不是在金碧辉煌的音乐厅，这也不是在炮火纷飞的避难所，而是在废墟般的空城华沙，独自面对纳粹军官的弹奏。他以个体的力量抗衡着整个时代的悲剧。

影片由法国导演，联合德国、英国和波兰共同拍摄完成，德国参与拍摄此类题材影片，是这部影片最大的看点，也是在引导人类如何看待战争。

9. [日本]《萤火虫之墓》：不像日本电影的日本电影

这是一部日本动画电影。这部动画以更加客观委婉的视角，阐释了日本无条件投降后日本普通民众的遭遇和对战争的反思，这是一部不像日本电影的日本电影。

该片没有掺杂过多的政治因素，以平民化的视角，讲述了两兄妹因为战争失去了父母之后颠沛流离的流浪生活。他们寄人篱下，得不到社会的关心，在残酷的乱世中失去了享有美好童年的权利，最终一步步走向死亡。故事的结局是悲伤的，也正因如此，影片的反战主题得到了凸显。

观影的过程中，观众的心时刻被渺小的兄妹俩牵绊着。在战争面前，无辜的孩子是最大的受害者。愿天下不再有那么多的暴力和仇恨！

(三)观影建议

1. 请及时将你的观影感受写下来，发至微博、微信、QQ 群组等，和你

的同学、老师交流你的思考。

2. 选择一部影片，动笔给学弟学妹写一段影片推荐语，300 字以内。

小贴士

电影推荐语，是指对影片的剧情、人物、音乐、特技等，或影片的导演、编剧、演员、社会评价等能引发观众关注的情况所做的简单文字介绍。推荐语重在“推介”，目的在于激发人们观看该影片的欲望。注意一定要遵循客观真实的原则。

同伴分享

下面两篇电影观后感真实地表达了观看影片之后的感触。这些感触来源于影片，最后又回归到生活中，这正是影视作品的价值所在。《一缕马鬃的飞扬——观电影〈战马〉有感》的作者从马身上领悟了许多人类需要具备的优秀品质，包括认真、担当、不舍不弃等。《烙印——电影〈集结号〉观后感》的作者从《集结号》中，看到了战争带给中国人民的伤痛，影片勾起了她对一节历史课的沉重回忆，升华了她对祭奠烈士这一行为的认识。

一缕马鬃的飞扬

——观电影《战马》有感

林　灵①

有一种认真叫承担
有一种感情叫不舍不弃
有一种默契叫坚信不疑
有一种诺言要竭尽全力去实现
有一种期待要虔诚祈祷去守候

——题记

在观看《战马》的过程中，我一直在琢磨这匹马到底象征什么，为什么编剧会把马作为线索，原本以为这匹战马的一生都是在战场上拼杀，但是，原来这是个安静的故事，娓娓道来。

这是一匹很俊俏的小马驹，名叫乔伊。它有着棕色的皮毛，四只脚都是

① 本文作者及本书中所有“同伴分享”的作者在写作时均为初二学生。

白色的，像套上四只白色的袜子，额头上还有一个白色的胎记。第一次见到乔伊，男孩艾伯特就深深喜欢上了它，而命运似有安排，乡村集市上艾伯特的父亲——一位瘸腿的退伍老骑兵买下了乔伊。后来第一次世界大战爆发，乔伊意外地被送上战场，成为一名英国骑兵中尉的坐骑。在残酷的战争中，乔伊四易其主，先是中尉，后是逃跑的德国小兵，再后来是美丽的法国小女孩，最后是德国士兵。最终它在枪林弹雨中获得了蜕变与重生。所有的苦难都变成脚下踏实雄壮的步子，再迈一步，就迈向了生存。最后，主人的一声召唤，让它感到所有的心灵碎片又拼凑在一起了，它回到了原点，不同的是身上的泥土与沧桑。

战马身陷铁丝网的一幕令我难以忘怀。马本是力量、自由与美的化身，然而战争却一点点地将它拖入泥潭几致毁灭，实在令人痛心！马是如此，人又何尝不是呢？农场的生活尽管贫穷，但和平、宁静。无论是人，是马，还是作物，自有大自然在安排每个生命的生长，然而战火却无情地剥夺了生命的权利。眼看战马难逃厄运，幸而交战的双方同时作出了停火的决定。当两边的士兵默契地解救战马时，我的内心被触动了，这是多么和谐的一幕！没有炮火，没有枪声，硝烟散去，雾霭如纱轻柔地覆盖在受伤的大地上，人的本性自然流露——听从内心的召唤，爱惜生命。既然马的生命能唤醒良知，那么人呢？

从战马身上，我看到的不是叛逆，而是认真与勇于承担。它努力地学习自己所要承担的每一项任务，认真对待它要面对的每一段经历。它可以为了艾伯特去尝试犁地——这无关骄傲，关键在于那个人是艾伯特；它可以为了善待它的将士赢得比赛；它可以代替同伴带上马套，甚至可以在关键时刻挺身而出，冒着生命危险承担重任。

从战马身上，我还看到了不舍不弃，看到了人与马坚信不疑的默契，看到了诺言如何被竭尽全力地实现，看到了虔诚的祈祷和守候期待。影片最后乔伊和艾伯特重逢了，并且从结尾的描述来看，他们应该是“从此过上了幸福的生活”。这让我明白，心中要有信念的火，无论遇到什么，都勇敢地去面对，尽力去做，静静等待命运安排给我们的结果。等待也是需要勇气的。

也许每个人心里都有一匹马，每个人都有对它的价值和潜能的判断，或者让它在草原上驰骋，或者让它在战场上厮杀，或者因为不相信它能开垦荒地而让它只是在马厩里度过。不管这是怎样的一匹马，它需要的不是奚落，不是平静的草场，只有暴风雨才属于它，只有内心的破茧而出才能成就它。谁说它不能耕地，在劈开大石的一刻，它已经告诉世界什么叫所向披靡。

我仿佛又在观看那最后的镜头：在那片风景如画的苏格兰原野上，在金色的夕阳里，远远一个黑点，是艾伯特和乔伊回归的身影。乔伊家中的父母翘首盼望，发丝在夕阳中飞舞，等候归人。

烙印

——电影《集结号》观后感

王南燕

一只锈迹斑斑的喇叭。

窑洞里的47具骸骨。

在那个世界里，枪声、炮声、呐喊声以及漫天飞舞的硝烟，根本停不下来。没有时间去细细思考。在那个世界里，战争干扰着人们的幸福生活，它是恶魔。

谷子地是一个重情义的人，他把兄弟们的遗体一个不落地放在窑中，是为了保全他们炽热的躯壳、不羁的灵魂。他在赵二斗踩上地雷的时候，奋不顾身地帮他脱离险境，却失去了自己的左眼。

那天，谷子地接受了一项阻击任务，他与团长约定以集结号作为撤退的命令，如果集结号不吹响，全连必须坚持到最后一刻。一座废弃的旧窑场里，47名战士奋勇厮杀，终究火力悬殊寡不敌众，谷子地亲眼看着战友们一个个死去，却无能为力。排长焦大鹏是谷子地的左右手，他在临死之前说自己听到了集结号响，让谷子地带着仅剩的几个弟兄撤退。战士中有人附和，有人反对，大家对此产生了分歧。谷子地此时发现友邻部队早已撤退，他怀疑是自己忽略了号声，导致战友们枉送性命。强烈的震惊和内疚之下，他携带炸药包奔出窑场只身前往敌军战壕。其余战士最终全部阵亡。

子弹与子弹碰撞产生的火花，硝烟与硝烟弥漫在一起的刺鼻味，漫天的血腥，仿佛这是一场永无止境的战争。战争给人痛苦，它底下铺垫了多少条无辜的生命！战争的毁灭性是巨大的，可怕的。这也让我想起了那节课……

那堂课与《集结号》一样，意义非凡。历史老师在讲台上沉重地讲述着八国联军侵华的历史。不论是在幼儿园，还是在小学，身边的人就一直向我灌输这类信息，我一开始只是把它当作国耻。但这节课，它深深刻在了我心里。英、俄、德、法、美、日、意、奥等国发动了对中国的侵略战争。看着荧幕上一串串触目惊心的牺牲人数，我的心猛烈地跳动着，久久不息。这也就是每个中国人独特的感受吧！历史老师仿佛把那一幕重演了。每一张图片、每一桩往事都是那么惨痛，那么惨不忍睹。我无法形容我那时的心情，心好像在流血似的隐隐作痛。

年幼无知的我认为去烈士陵园就是去哀悼那些牺牲的战士。但是现在不同了，我一定会走到那些冰凉的石碑前，深深地鞠上一躬。这个鞠躬，包含了我无限崇高的敬意。这是一个像升国旗一样庄严的地方。

战争带来的后果往往都是惨不忍睹的，这也将是我们中国人心中抹不去的烙印，永远的伤痛。脚踏中华五千年的烙印和枷锁，我仿佛看到了亲人生死离别的痛哭，失去弟兄的悲伤，以及那份永不言弃的信念。

四、问题探究示例

学习任务

1. 学习问题探究过程。
2. 尝试提出两个与战争有关的问题并进行探究。

(一)问题探究示例

质疑是一个思考者不可或缺的素养之一，在本专题学习过程中质疑显得尤其重要。下面将带你走进战争文本与影视剧中，在看似无疑之处发现疑问，体会思考者质疑的过程：信息输入—提出问题—搜集信息—处理信息—运用信息—得出结论。要注意的是，质疑的每个步骤并不是截然分开的，有些步骤是有交叉、重合的，是同步进行的。比如搜集信息和处理信息，运用信息和得出结论一般是融合在一起的，因此在运用时不必生硬地执行上述步骤。

1. 信息输入

学生小轩在阅读《土八路神秘武器》时，看到这样一段话：

“……其实，抗战时的民兵用的地雷，原本没有多大杀伤力，能不能炸死人都难说。最常见的是装黑火药的‘铁西瓜’。实际上就是个大鞭炮，主要靠混在爆炸物里的铁片、石子伤人，崩得好，能打中要害；崩得不好，也就是个烧伤。因此，在真正的地雷战里，那种‘地雷一响，鬼子就飞到天上’的场面其实不多。更常见的是——‘轰’的一声，鬼子突然变成个黑不溜秋、浑身冒青烟的灶王爷，怪叫着又蹦又跳。①”

2. 提出问题

小轩之前在战争电影中也常常看到炸弹一响鬼子满天飞的情景，读完这段话，他猛然想起前不久看到的网友对“抗日神剧”的声讨。以上文字激发了他对“抗日神剧”的好奇心，于是他产生了以下疑问：

(1)什么是“抗日神剧”？

(2)对于“抗日神剧”中夸张的场景，我们基本上可以毫不费力地辨识出来。但是为什么近年来神剧一直层出不穷，覆盖全国主要电视频道黄金档，拥有极高的收视率呢？

3. 搜集信息

于是小轩以“抗日神剧”为关键词在某网络搜索引擎上搜索，找到以下文字：

【抗日神剧】“抗日神剧”指的是出现夸张、雷人的虚构场景的抗日题材的影视剧。其特点可用“四化”形容：战争游戏化，我军偶像化，友军懦夫化，日伪白痴化。比如《抗日奇侠》中，几位奇侠个个英勇绝伦，刀枪不入，以一敌千！其中还有貌似软妹，实则巾帼的奇侠妹子，反手之间掌毙日寇！这些会用铁砂掌、化骨绵掌、隔空打人、“气场”逼人等神功的奇侠们，真正做到了视皇军如蝼蚁！此外，一位奇侠将一个日军不偏不倚撕成两半的场景成为了传说。鬼子血肉横飞，英雄凛然一笑。“手撕鬼子”因此被网友恶搞地推选为“横店名菜”。网友纷纷吐槽：“你以为是撕鱿鱼片吗，亲？这抗日武侠奇幻剧真心要逆天啊。”

4. 处理信息

围绕第二个问题，小轩在某搜索引擎输入“为什么会出现‘抗日神剧’”进行搜索，出现了很多结果。该点击哪些链接呢？哪些内容更为可靠些？就这个问题他和老师进行了交流，老师给了以下建议：

(1)尽量采用官方媒体、权威媒体的信息。这些媒体出错概率低，信息

---

① 萨苏．土八路神秘武器．青年博览，2009，(22).

相对可靠。如《人民日报》《新华日报》《光明日报》、中央电视台、新华网等媒体。

(2)尽量选择篇目完整、注明出处的信息。少用零碎的、无可靠来源的信息。

(3)慎用个人微博、微信信息。现在已经进入自媒体时代，个人微博、微信信息丰富，但很多信息来源不明确，不应该全盘接受，应该谨慎辨别，多存疑，多查证。

于是小轩按照以上标准筛选搜索到的资料，选择了《中国青年报》上这篇文章，进行了仔细的阅读。

“抗日神剧”承载了太多需求①

陈季冰

在《人民日报》和中央电视台联手痛批那些充斥着“牛鬼蛇神”的“打鬼子剧”后，这一话题迅速成为热点，足见广大具有正确价值观的“人民群众”对它的反感已经压抑很久。

从射箭拦子弹、徒手撕鬼子、手榴弹炸飞机，到村姑全裸敬礼抗战红军战士，女侠遭鬼子强奸后，身体像充足电的马达一样，一举干掉一个排的日伪军……按照《人民日报》和央视的说法，所有这些离奇的情节都折射出眼下抗日历史题材影视剧的“武侠化”“玄怪化”“言情化”……简而言之，就是娱乐化，而它的同义词是庸俗化。“投资方和电视台，为了收视率而肆意涂抹严肃的历史，将原本应当是很好的爱国主义教材，篡改成了迎合一部分观众低俗口味的愚昧主义……”

对此，我当然同意，最让我不满的倒不是“打鬼子剧”的胡编乱造，而是它的铺天盖地、一统荧屏。只要稍微瞄几眼各地的电视剧频道，就会发现，眼下中国的电视剧虽数量巨大，但题材无非三种——其中最主要的是抗日(谍战)片和清宫戏，剩下的第三类则是一些只有幼齿观众看得下去的当代都市言情剧。而如果你在每天的黄金时段拿着遥控器轮番调台，你会觉得，各个卫视的抗战剧情节，甚至都能直接连上！

《人民日报》和央视的统计，明白无误地证实了这一点：2012年，全国主

---

① 陈季冰.“抗日神剧”承载了太多需求.中国青年报，2013-04-18.有删节.

要电视频道黄金档共播出200多部电视剧，其中涉及抗战及谍战的超过70部。2013年前3个月，即将或已经投入拍摄的抗日剧就有30多部。我的一位生活在杭州的作者朋友前段时间去了趟著名的横店，回来后告诉我，他在那里看到的除了“鬼子”，就是“赤匪”。

这就是中国电视剧产业的贫血现状。然而，恐怕很少有人会认为，中国的电视剧投资者、制作发行人、编剧导演和电视台负责人，统统都是思想觉悟如此低下、想象力如此贫乏、审美趣味如此庸俗。假如“打鬼子剧”的总量减少到现在的1/10，还会有那么多烂片吗？

抗战剧的“武侠化”“玄怪化”“言情化”，正在日益朝暴力、迷信和色情的方向豪迈前进，恰恰说明，本来只是电视剧宽广领域中的一个类型(历史战争剧)的抗战剧，承载了观众太多的娱乐需求。甚至可以说，它承载了观众对电视剧的一切期待，从严肃的历史和战争本身，到动人的爱情与阴谋，直至等而下之的暴力、色情、玄怪……无奈的编剧和导演们都在动足了脑筋，把上述所有内容，一股脑儿硬塞进“打鬼子剧”这件狭窄的外衣中。如此，则东施效颦乃至削足适履的扭曲是不可避免的。

之所以会让抗战剧挑起电视剧所有的功能(包括教化和娱乐)，是因为这样做经济风险最小。如果你站在投资人的立场上设想一下，除了胡编乱造的清宫剧、光怪陆离的抗战剧和浮光掠影的都市剧之外，还有哪些题材是可以随意投拍而不必担心审片时被“枪毙”的？“地雷”无处不在，而最让人束手无策的还在于：这些禁忌的边界极其模糊，时松时紧，甚至无规律和章法可循。

主管部门设置这些红线及审查机制的初衷，是为了让中国的影视文化产品弘扬和传递正确的价值观。然而，谁能想到，低俗的“打鬼子剧”，却走到了这种初衷的反面。

正统的卫道士们并不担心抗战剧和谍战片在数量上的泛滥，他们很可能希望看到这些具有“教育”意义的主旋律故事，更多地覆盖电视荧屏。遗憾的是，眼下抗战剧和谍战片的内容，已经完全演化成了“主旋律”的反面。

回到“打鬼子剧”本身，尽管我们不应将责任尽数归咎于中国的影视剧工作者，但他们的工作成果在客观上的确是令人非常担忧的。那些充满凶残的暴力想象的仇恨意识的“打鬼子剧”，实际是在教唆犯罪。如果再过50年、100年，甚至更长时间，当我们的后人审视我们所经历的这一段思想文化史时，他们多半会认为，很多文化工作者，都要为降低了社会的道德水平、智商和情商而忏悔！

5. 提炼信息

阅读完文章，小轩从文中摘出了他认同的观点：

“本来只是电视剧宽广领域中的一个类型(历史战争剧)的抗战剧，承载了观众太多的娱乐需求。甚至可以说，它承载了观众对电视剧的一切期待。”

“之所以会让抗战剧挑起电视剧所有的功能(包括教化和娱乐)，是因为这样做经济风险最小。”

6. 运用信息，得出结论

小轩通过搜索、筛选信息，并运用信息，得出了以下结论：

“‘抗日神剧’指的是出现夸张、雷人的虚构场景的抗日题材的影视剧。为什么‘抗日神剧’会层出不穷呢？首先，市场需求决定了影视剧的走向。暴力、色情、武侠等低俗化内容迎合了不少观众的需求。为了经济效益，编剧们不断往抗日剧中‘添油加醋’。其次，电视剧投资者、制作发行人、编剧导演和电视台负责人为了降低经济风险，而让抗战片挑起了教化和娱乐的功能。

“因此，提高国民素养，净化市场，是改变‘抗日神剧’现象的根本途径，希望这一天早日到来。”

(二)你也来提问

下面一段文字是战争题材作品导读，请结合程少堂的《悲欣何时交集：当代中西战争文化心理比较》，提出你的疑问，并写下来。

“人类历史上，血与火的战争屡屡爆发。战争有正义与非正义之分，阅读战争题材的作品，可以了解历史，可以看到正义战争的威力和非正义战争的罪恶，可以看到真善美与假恶丑的两个极端，可以看到人类意志力、智能、体能最大限度的表现，从而获得有益的启示①。”

你的问题：

1. ________________

2. ________________

① 语文(八年级上册). 人民教育出版社，2013：1.

3. ____

你可以围绕提出的问题搜索有关信息，解决你的疑惑。

五、学习活动预告

在探究中我们开启了战争专题之门，接下来将围绕以下三个核心问题展开一系列的学习活动。

问题一：在你阅读的文章和观看的影片中，有哪些是中国的，哪些是西方的？它们在反映战争的角度上有什么区别？

学习活动：

1. 学习《芦花荡》《蜡烛》《谁是最可爱的人》等文章。

2. 阅读铁凝的《怀抱着胸中那一簇火焰——孙犁先生百年诞辰纪念》、程东文的《〈蜡烛〉一文中的宗教意义》等相关评论性文章。

3. 围绕你阅读时提出的疑问或关注的问题进行探讨，并与同伴交流探讨的结果。

问题二：与其他作品相比，《安妮日记》有什么过人之处？你读完后有什么收获？

学习活动：

1. 阅读安妮·弗兰克的《安妮日记》，摘抄精彩语句。

2. 小组共同学习讨论，举办交流活动：读书交流会、讲座或好书推荐会。

3. 阅读精彩选段，思考、探究安妮在成长中面临哪些问题。

4. 策划纪念安妮相关活动，为安妮撰写一篇墓志铭。

问题三：作为现代中国人，我们呼唤和平。举办抗战胜利纪念活动，学习战争文本，观看战争影片，意义何在？应该带着怎样的心态对待它们？从中我们可以获得哪些有益的启示？

学习活动：

1. 阅读《信任的境界》《我只是遵守战争规则》《孟子说故事》《决不向一个提着裤子的人开枪》等文章，归纳这些文章的共同点，比较它们和之前所阅读过的文章或观看过的战争影视片所阐发的主题有何不同，然后思考战争是否需要规则。

2. 阅读《亲爱的爸爸妈妈》《两个受害之城的比较》和《打捞悲剧中的“个”》，说说：关于战争，我们该忘记什么？什么又不能忘记？

3. 阅读《给仇人一块面包》(必读)，思考该不该给仇人面包；选读《有一种爱我们还很陌生》，围绕如何才能消除仇恨撰写阅读体会。

4. 阅读《写给孩子的哲学启蒙书》，用一句话概括战争的起源，思考在生活中是否需要建设和平以及如何建设。

5. 以“战争”为话题练习写作。

第二课段　单篇文本解读探讨

战争专题的学习从单篇文本入手，这一课段主要阅读四篇文章，分别是孙犁的小说《芦花荡》、西蒙诺夫的战地通讯《蜡烛》、雨果的《就英法联军远征中国给巴特勒上尉的信》、聂华苓的散文《亲爱的爸爸妈妈》。根据作品的内容和价值取向，将作品分为中国战争文本和西方战争文本两类。第一篇属于典型的中国当代战争文本，后三篇则代表西方当代战争文本。

这一课段主要选取孙犁的《芦花荡》、西蒙诺夫的《蜡烛》分别作为中西方战争文本的代表进行精读。学习步骤如下：第一，学习批注法，使用这种方法自学《芦花荡》，提出疑问；第二，带着疑问阅读《怀抱着胸中那一簇火焰——孙犁先生百年诞辰纪念》，然后撰写学习体会；第三，学习《蜡烛》，围绕你关注的其中一个细节，完成学习活动；最后比较归纳所阅读的两类战争文本的不同。

学习前请准备好以下学习资源：

1.［德］安妮·弗兰克：《安妮日记》，桂滢改写，译林出版社，2010。

2. B5 笔记本一个，按 2∶1 的比例分栏。

3. 便笺两本。（在阅读过程中可以随时在便笺上写下你的思考，并贴在书中相应的位置。）

4.《现代汉语词典》或网上在线词典。

5. 开通微信、微博或 QQ 空间，创建战争专题学习 QQ 群或讨论组，及时上传学习成果。

建议用时 5 课时。

一、《芦花荡》批注解读

师生共学

（一）怎样做批注

请阅读《如何在书上做批注》，学习如何做批注，注意文中画横线的句子，完成自主阅读任务单。

表 2　自主阅读任务单

为什么做批注？	1.
	2.
	3.
	4.
怎样做批注？（从作者所列的方法中摘出你不常用的，并列举文中以外的两个方法）	1.
	2.
	3.
	4.
	5.
	6.

如何在书上做批注[①]

［美］莫蒂默·杰·阿德勒

在读书时，只有参透文章的字字句句，才能获得最大的收获。此外，阅读时，在书上写批注也是同等重要的。如果不这样做，你就不可能实现最有效率的阅读。

① ［美］莫蒂默·杰·阿德勒．如何在书上做批注．现代英语佳作赏析·哲理篇．武军等译．有删改．西安：西安交通大学出版社，2002.

我认为拥有一本书应该从两个角度看。一是物质层面的，二是精神层面的。物质层面即你有书的处置权，这和你买衣服、家具的道理一样。但这并不算真正拥有，要想彻底拥有书，你得将书化为你的一部分，并且达到这一目的的最佳途径就是在书上写字。打个比方也许可以把这一点说清楚，你买了一块牛排，把牛排从肉铺的冰箱搬到自家的冰箱。但是从最重要的意义上来说，你并未占有牛排，除非牛排让你吃进肚里，营养进入你的血液中。我的观点是，书也应像牛排一样，营养被你的血液吸收时，才能对你有所裨益。

一本书的精髓可以从其载体中分离出来。与其说一本书像一幅油画，不如说一本书更像一首乐曲的总谱。没有哪个伟大的音乐家混淆交响乐和纸上的乐谱。托斯卡尼将C小调的总谱批注得一塌糊涂，除这位大师之外没人能看得懂。

为什么在书上做批注与读书密不可分？首先，做批注能使你保持清醒。（我这里不仅仅指它让你神志清醒；我的意思是它能使你全神贯注。）其次，如果阅读是一种能动的行为，那么它就是思考，而思考常常需借助口头的或书面的语言来表达。做了批注的书，通常是读者认真思考过的书。最后，写批注可以帮助你记住你阅读时的思想，或作者所表达的思想。下面就这三点展开讨论。

如果阅读的目的不仅仅是消磨时间，那就应该是一种积极的思维活动。仅仅让你的眼睛在书上扫视一遍，你就不可能对所读的内容有所理解。当然，一部普通的消遣小说，譬如说《飘》，就不需要那种最积极的思维式的阅读。有些书旨在娱乐，那就不妨轻轻松松地读，不会有什么损失。然而要是一部名著，其中思想丰富，文字华美，试图提出带根本性的重大问题并加以回答，读这类书则要求你尽可能地进行最积极的阅读。你得花费力气方可获得。漫不经心，是做不到这一点的。

当你读完一本书的时候，书页上写满了你的批注，你就知道你的阅读是积极的了。据我所知，最有名的采用积极方式阅读伟大著作的人，是芝加哥大学的校长哈钦斯。他也是公务最繁忙的人。他读书时手里少不了一支铅笔。但是，你或许会问，为什么非得写呢？要知道，亲手动笔写会使词语和句子更加鲜明地呈现在你的脑海里，更长久地储存在你的记忆里。将你对所读的重要词语和句子的感受写下来，将它们在你脑子里引起的问题记下来，就可以将这些读书随感长久保存下来，并且可以使那些问题更加明确起来。

哪怕你写在便笺簿上，读完书再把便笺簿扔掉，你对书的领悟程度也会更深。但是书你大可不必扔掉。页边空白(包括页眉、页脚)、扉页、字里行间的空白都可为你所用。这些空白并无神圣之处。况且，最妙的是，你的批注和笔记会成为书的一个有机部分，永远留在书中。当你下周或来年，重新拿起这本书的时候，你的各种观点，同意的、反对的、怀疑的、质询的，统统一目了然。这如同谈话一度被打断，现在又可以在上次停下的地方接着谈下去了。

读书就该这么个读法：应该同作者进行对话。很可能作者在有关的问题上比你懂得多，你接近他的时候表示适度的谦恭是很自然的。但不要轻信他人，以为读者只有全盘接受的份儿。理解是一种双向活动。学习并不是往空的容器里装东西。做学生的应当向自己也向教师提问题。一旦理解了教师所讲的内容，他甚至还得与教师展开争论。而在书上做批注，实际上就是表达你赞同或不赞同作者观点的一种方式。

在书上做批注，有各种各样好的、行之有效的方法。现在介绍我采用的几种方法：1. 在文字下面画线：画出主要论点及重要的或者有力的论述。2. 在页边空白处画竖线：用来强调已画线的论述部分。3. 页边空白处画三角形或五角星之类的符号。4. 在页边空白处写数字：标明作者列举论据的顺序。5. 圈点主题词或短语。6. 在页边空白处、页眉和页脚加批注，目的在于：记录针对某段文章在你脑子里引起的问题(也许还有答案)；简要总结复杂的论述；记录贯穿全书的一系列的重要论点。我利用书后的衬页按前后顺序给作者的观点编成一个索引。

也有人会说，在书上写字会使阅读速度放慢。可能会放慢。但这正是在书上做批注的原因所在。我们中大多数人误以为阅读速度能衡量我们的智力。实不知动脑子读书根本没有一成不变的速度。有的书适合快速浏览轻松阅读，有的则应当细读苦读。聪明的读书人能根据书里含金量的多寡确定不同的读书方式。碰到好书，重要的是你汲取多少知识，有几本你能真正所拥有，而不是你总共读了几本。交友在精不在多。如果这是你的目标，而且应该是，你就不会因为读好书比看报纸费时费力而烦躁了。

你可能会提出反对在书上做批注的最后一个理由。你的书一旦写上字就没法借给朋友，因为书的笔记会影响朋友阅读。再说，不外借的另外一个原因是做过批注的书已成为你个人思想活动的日记，借出去不啻把自己的思想暴露无遗。

如果你朋友要想读你的《普卢塔克名人列传》《莎士比亚》或《立宪者论》，你不妨客气但坚决地劝他自己买一本。借给他车或者衣服都行——但书不能外借，书如同你的大脑或心灵，是你本人不可分割的一部分。

(二)学做批注

《芦花荡》是一篇小说，阅读小说要关注情节、人物、环境、主题等。你可以重点从以下几个方面入手学习批注、点评：

1. 情节是否跌宕起伏，引人入胜？设置是否合乎情理？
2. 小说刻画出人物怎样的性格特点？你如何评价这种性格？
3. 小说中的环境描写(景物描写)有什么特点和作用？
4. 不理解、有疑问的地方。
5. 文章在语言组织、谋篇布局上突出的地方等。

表3　批注任务单

批注内容	课文中的例子
概括故事情节	开端： 发展： 高潮与结局：
批注两个描写人物的句子	1.
	2.
批注两个描写景物的句子	1.
	2.
提出疑问	1.
	2.
	3.
	4.

同伴分享

以下是你的同龄人在批注过程中提出的问题，如果你没有提出问题，可以从中选择一个进行探究学习，并写下思考的初步结果。

1. 小说为什么要设置大菱受伤这一情节？这一情节是不是有损老头子的英雄形象？

2. 为什么说老头子“过于自尊和自信”，这是批评吗？

3. 文中环境描写如诗如画，让人几乎感觉不到战场的硝烟和残酷，作者为什么要这样写？

(三)作品精读

阅读完一篇作品，常常会生发出一些疑问，这就是你和作者、作品在进行对话。接下来就可以对疑问进行思考并作出自己的判断了，当然，还可以查找、搜集、阅读作品的评论文章。这类文章包括对作者、作品的介绍，对作品某一问题、某一现象的探究性解读等。

在上一个环节中，我们使用批注的方法阅读了《芦花荡》，并提出了疑问，写下了对疑问的初步思考。接下来请阅读《怀抱着胸中那一簇火焰——孙犁先生百年诞辰纪念》，完成以下任务：

1. 勾画出文中有助于解答你初读时所提的疑问的句子。

2. 围绕以下三个方面在《芦花荡》原文中继续批注：

(1)原批注与解读文章观点不相符的地方。

(2)初读时未关注的地方。

(3)新发现的问题。

3. 结合下面这篇文章，围绕批注时提出的问题，写下学习《芦花荡》的体会，发至讨论群和同学交流。提倡学有余力的同学，围绕作者及《芦花荡》，在网上搜索有关的解读文章，继续深化理解。

怀抱着胸中那一簇火焰

——孙犁先生百年诞辰纪念[①]

铁　凝

孙犁先生离开我们已十年有余，倘若他还活着，到今天，当是百岁老人了。

---

① 铁凝．怀抱着胸中那一簇火焰——孙犁先生百年诞辰纪念．光明日报，2013-05-21．此文为中国作协主席铁凝在孙犁百年诞辰纪念座谈会上的致辞．

在这个特殊的日子里，我们纪念孙犁先生诞辰一百周年，是为了重温先生的文学成就，也是为了认真思索他给我们留下了怎样的精神遗产。

就我个人而言，纪念一位作家的最好方式是回到他的作品。一个作家最深邃的生活，不在他的日常起居，而在他的文字之中。他的欢乐与痛苦，他的希望和绝望，他灵魂的底蕴，无不凝结于此。对于像孙犁先生这样人品与文品高度一致的作家，就更是如此了。可以说，孙犁的作品伴随了我这一代人的成长。我曾在一篇文章里回忆了童年时期阅读孙犁作品的体验。那个叫双眉的农村姑娘，特别是她的流动的眼和突然断掉一半的弯眉，对我有一种不可言传的美的诱惑。现在，这部题为《村歌》的中篇小说已经不大有人提起了，或许在研究者看来算不得孙犁的代表性作品，但它给我留下的印象是根深蒂固的，甚至，它还影响了我阅读孙犁的方式。当我一再重读孙犁先生的作品时，那些女孩子们——年轻的、美好的、鲜亮的生命，有如初春的平原上绯红的朝霞，就会被重新召唤出来，让人惦记，让人怀念。我想，这并不违背孙犁先生的心愿，他说过："女孩子们心中，埋藏着人类原始的多种美德。"

我怀念水生嫂、吴召儿、秀梅、妞儿们，那是因为，她们身上有孙犁先生一生所信仰和追寻的"善良的东西，美好的东西"。在我看来，孙犁似乎天然有一种本领，能叫笔下的女孩子们带着某种特殊的东西走到你面前来，让你久久无法忘怀。这特殊的东西是什么呢？在水生嫂身上，是一种气味。想到她，我立刻会想起清朗的月夜，想起湿润的空气，想起那薄薄的透明的雾，想起随着清风吹过来的新鲜荷叶荷花香。这荷叶荷花香始终笼罩着她，在她听说水生第一个报名去抗日的时候，在她摇着小船在白洋淀里穿梭的时候，在她出入在那芦苇的海里的时候。在吴召儿身上，那是一种色彩。她的红棉袄，在黑黢黢的山石间，红得那么鲜艳，那么明媚，仿佛"开出一朵红花""浮起一片彩云"。谁又能说，那红色不是希望的颜色、胜利的颜色呢？在妞儿身上，那是一种声音。这个伶牙俐齿的女孩子，叫我们记住了她活泼泼的声音，以及声音下面那一颗火热的心。用不着再举更多的例子了，每次读孙犁的作品，就仿佛看到这些女孩子笑吟吟地站在我面前，那么质朴，又那么美。在写《荷花淀》《芦花荡》这一批小说的时候，孙犁先生经过七八年的艰苦斗争之后到了延安，生活稍许安定下来。在延安窑洞的油灯下，金戈铁马，时时入梦，成为他不竭的创作源泉。孙犁先生不大写战争的残酷，他的笔墨都用来书写抗日战争时期坚忍不拔、携手相助、乐观豪迈的中国军民。那些女孩子们，就是孙犁心目中人民的代表，“美”与“善”的化身。孙犁先生说：“《山地回忆》里的女孩子，是很多山地女孩子的化身。当然，我在写她们的时候，用的多是彩笔，热情地把她们推向阳光照射之下，春风吹拂之中。在那可贵的艰苦岁月里，我和人民建立起来的感情，确是如此。我的职责，就是如实而又高昂浓重地把这种感情渲染出来。”先生的话，至今具有金石般的质地。文学以人民为中心，这不是空洞的口号，而是作家与人民同呼吸共命运的深刻情感，是作家满怀真诚地抵达的思想和艺术高度。

在我看来，真诚，是作家最重要的品质之一。文学批评家特里林说，“真诚主要是指公开表示的感情和实际的感情之间的一致性。……体现在这种一致性上的价值在历史的某个时刻成了道德生活的新要素。”我想，正是对这种一致性的坚持，构成了孙犁艺术力量中的决定性因素。也正是因为这种真诚，孙犁先生能够在复杂的时代风云中写出超越生活表象的“真实”。诞生于上个世纪五十年代的《铁木前传》，就是最好的证明。不必说它既节制又酣畅的叙述，也不必说它那清新而又讲究的语言，更不必说它那温婉而又凛然的气质；单说那个精灵一样的女孩子小满儿，就足以抵达刻骨的人性深度。在特定时代背景下，她似乎是一个落后分子。可是，这个仿佛是从《聊斋》里走出来的女孩子，单用美艳、明媚不能概括她，单用狡黠、虚荣不能概括她，单用热烈、纯真更不能概括她，她似乎是上述这种种形容词的混合体，而作家在表现她时，也是怀着十分复杂的感情。我不止一次细细品味那诗一般的段落：“炎夏的夜晚，她像萤火虫一样四处飘荡着，难以抑止那时时腾起的幻想和冲动。她拖着沉醉的身子在村庄的围墙外面、在离村很远的沙冈上的丛林里徘徊着。在夜里，她的胆子变得很大，常常有到沙冈上来觅食的狐狸，在她身边跑过，常常有小虫子扑到她的脸上，爬到她的身上，她还是很喜欢地坐在那里，叫凉风吹抚着，叫身子下面的热沙熨帖着。在冬天，狂暴的风，鼓舞着她的奔流的感情，雪片飘落在她的脸上，就像是飘落在烧热烧红的铁片上。”我意识到，在她轻佻、随便的外表下，有着无可抑制的热情与幻想，也有着不为人知的痛苦与悲伤。孙犁深刻地同情人，深刻地了解人，他忠直地按着源自内心的同情和了解去写，正是因此才使他的人物穿越时间而鲜活如新。可以说，有了《荷花淀》，孙犁先生奠定了他在中国现当代文学史中的位置；而有了《铁木前传》，孙犁先生才成为了孙犁先生。

在大病一场后，孙犁先生暂时停下了手中的笔。待他再拿起笔来的时候，二十年的光阴倏忽而过。晚年的孙犁，小说写得少了，除一束《芸斋小说》外，他把时间大多用在了研读古籍，写作散文、杂文上，尤以大量的文论和书论而引人瞩目，出版了《晚华集》《秀露集》《老荒集》《无为集》等集为“耕堂文录十种”的作品。想到此时的孙犁先生，我的心里总是浮现出这样一幅画面：简单、整洁的居室，昏黄的灯光下，一位面容温厚的老人细心地清洁、修补着残缺的书页，包上书皮，然后题写书名、作者、卷数于书衣之上。常常，他也会对着虚空处叹一口气，写上几行文字。这虽然大半出于我的想象，但与此时先生的境况，恐怕也相去不远。我又想到，中华文明历经几千年，未曾毁于灾荒、战火、人祸，反而星垂野阔，一脉千流，大概也和孙犁先生这样的知识分子始终悉心保护、修复文化，坚守自己的理想有关吧。这灯下修书的老人形象，竟是无数中国传统知识分子的一个剪影。

孙犁先生虽然离我们远去了，但那些如诗般的篇章还在，那些冷峻的思考还在，成为历史赋予我们的宝贵的精神遗产，也带给我们诸多有益的启示。

我常常想，为什么孙犁的作品至今经得起一读再读，至今具有强大的艺术生命力呢。除了以上谈到的，他对人民的深邃情感，他的真诚忠直，他对文化的悉心守护，我还想谈谈他对语言的珍视。孙犁先生说：“从事写作的人，应当像追求真理一样去追求语言，应当把语言大量贮积起来。应当经常把你的语言放在纸上，放在你的心里，用纸的砧，心的锤来锤炼它们。”读一读孙犁先生的作品，不难感受到语言在千锤百炼之后所呈现出来的润泽的神采和深厚的力量。我想，我们应该铭记孙犁先生的教诲。语言，对于一个作家的意义，是怎么形容都不过分的。在某种程度上，语言不仅仅是形式，也是内容，是思想。我们所要做的和所能做的，是时时磨亮语言的锋刃，让它以更强大的力量，更美好的姿态，去直抵人心。

我敬仰孙犁先生，还因为他以他的写作和生活，向我们示范了如何小心呵护真和善和美的种子，使之成为人生温暖的底色。终其一生，孙犁先生都深切怀念他所经历过的战争年代，怀念他生活过的那些村庄，怀念那些作为伙伴、战友和同志的战士和群众，这种感情滋养了作家的心灵，无论生活发生了怎样的变故，他都怀抱着胸中那一簇火焰。在我看来，温暖的力量、向善的力量、穿越了沉沦以后上升的力量是更难的、更不容易的，需要更大的勇气，需要更高远的境界。孙犁先生晚年的精神世界更为沉郁幽深，但是，我相信，孙犁先生毕生都在昭示我们，文学应该有力量去呼唤人类积极的情感和信念，在任何情况下保持尊严与希望。

作为文学晚辈，我和我的一些作家朋友们在年轻时都受到过孙犁先生的恩泽。那时候，孙犁先生在《天津日报》编“文艺周刊”，他关注着青年作家的成长，给予许多作者热情的鼓励和及时的引导。刚刚踏上文学道路的时候，就像一个人夜里走山路，有凉风扑面、神清气爽的时候，也有四顾茫然、不知所以的时候。这时候，一封信函，或者是几句话，都能点亮文学的灯火，打开前面的路。在我心目中，孙犁先生就是那位提着灯的宽厚长者。1996 年 12 月，中国作协五次全国代表大会在北京召开之际，病中的孙犁通过《文艺报》向大会表达了祝愿，他说：“希望大家同心协力拿出好作品。”如今，孙犁先生不在了，我想，我们大家都愿意像孙犁先生对待当年的我们一样，同心协力，做一些“引导、打杂和清扫道路的工作”。惟愿文学的灯火生生不息，照亮人生，照亮人们的心，用温暖、炽热的能量鼓舞中国人民在实现“中国梦”的道路上前行。这大概才是对孙犁先生最好的回报吧。

同伴分享

下面是你的同龄人学完《芦花荡》后写下的真切体会。小作者首先陈述了自己的认识误区，然后大胆提出了自己的质疑和担忧，指出了当今战争影视剧对自己的误导，最后表达了要站在人道主义角度解读当代战争作品的主张。作者在阅读《芦花荡》之后能够联系自己的切身生活谈体会，真正做到“走进书中，从书中走出来”。你也可以试着写下你学习《芦花荡》后的体会。

《芦花荡》学习后记

林雪婧

虽然上过了开题课，但在阅读这篇文章的时候，我仍然掉进了多年以来自然而然产生的惯性思维中。我以为中国人总是如此机智聪明，不费吹灰之力就打败了鬼子。看到后面老头子痛打日本士兵的时候甚至有些快意，认为这是当时再正常不过的英雄形象。

孙犁先生似乎有意回避战争的血腥和残酷，以诗意的笔法为我们展现了英雄的形象。然而如今读来老头子的形象似乎并不是我想象中的那样光辉。他杀日本士兵的出发点并没有那么理直气壮，从文本中看竟然是为了挽回自己的颜面。而且孙犁笔下的他杀起鬼子，没有表现出丝毫的犹豫和怜悯，尽管那是敌人，但毕竟也是一条鲜活的生命！我打了寒战。

中国当代战争作品过多地渲染己方的实力，作品中最不缺的就是敢于孤胆闯入敌营的主角，他们如同开了外挂，永远不会死在战场上。它们令人更多感受到的是主角的勇猛无比，而战争之下的悲惨世界被淡化了。电视上天天播放此类的影视剧，根本不能使人感受到战争中枪林弹雨的可怖，人民国破家亡的无奈和悲痛。这样的影片不能令人感受到和平之可贵。

一直以来，我愚昧地以为那时的中国强盛无敌，我几乎看不到祖国的贫瘠和伤病，几乎感受不到中国人在那场战争中所受的苦难。我们不能再如此愚昧下去，像以往的百姓一样用馒头去沾那些正义之士被斩首示众时溅出的鲜血来治病！绝不能这样肤浅、愚昧地对待历史！否则世界何时才能铸剑为犁？

当然在看到问题的同时，我们应理解作品产生的时代背景，理解和肯定作品的时代意义，的确在当时，这是鼓舞革命战士和广大人民的一剂猛药，这一点毋庸置疑。同时对于英雄先烈们的付出和牺牲，我们永远铭记在心。现在，我们更需要摒弃偏执，更需要捡起自己的理智，站在人道主义的角度去解读当代战争文本！这才是对先烈们用鲜血换来的和平的珍惜和尊重。

愿世界早日铸剑为犁！

回顾小结

小说《芦花荡》属于中国当代战争文本。中国当代战争文本更加关注正义战争中人的精神、意志，较少关注战争的灾难和悲剧，几乎是无条件歌颂战争，缺少悲剧意识。阅读这类文本，我们需要以理性的态度去解读。要了解作者的创作背景和意图，理解作者在艺术创作手法上的良苦用心。要充分肯定小说的文学价值，尤其是它展现了中国人民英勇抗日的英雄形象，讴歌了中华民族善良、勇敢、不屈不挠的斗争精神。

在看到作品积极意义的同时，我们要清醒地意识到，如果没有正确理解作者意图，阅读中国当代战争文本容易产生英雄主义情结，陷入盲目的胜利狂喜之中。作为新世纪的中国人，我们应该思考如下问题：究竟应该抱着怎样的心态阅读当代战争文本？阅读这些文本意义何在？通过阅读战争作品，我们要清醒地意识到中国赢得抗日战争的胜利是经过十四年艰苦卓绝的斗争，付出了伤亡3500万人的沉重代价，认识到和平生活来之不易！只有这样，我们才能建设一个持久和平、共同繁荣的世界。

如果你想更多地了解抗日战争，可继续阅读孙犁的《荷花淀》、茹志鹃的《百合花》、杨沫的《青春之歌》、齐邦媛的《巨流河》。

二、《蜡烛》一文细节探讨

师生共学

围绕《蜡烛》中的细节自主展开探讨活动。在探讨中你可能会使用以下技能：

表4　探讨活动中使用的技能

质疑	对不理解的内容或文章本身有问题的地方提出疑问。
搜集信息	利用工具书或网络等，围绕问题或关键词搜索信息。
处理信息	筛选出与问题相关的、有用的信息。
阅读	筛选信息时采用跳读或浏览方式，对筛选后的信息进行精读。
比较	将两个或两个以上的文本进行比较，提炼出相同点，发现不同之处。
议论文写作	撰写小论文，观点要清楚，理由要充分。

（一）探讨活动

在《蜡烛》中，作者用了大量的篇幅描写老妇人安葬苏联红军战士的过程，其中有许多的细节，如蜡烛、围巾、炮火、亲吻等。下面是你的同龄人关注的问题，请在你关注的问题前打“√”，如果没有你关注的，可另外提出问题。选择其中一个问题自行查阅资料，并写下探讨的结果。

1. 文中多次提到炮火离得远，为什么要多次强调离得远？
2. 文中多次提到黑色围巾，有何作用？
3. 蜡烛有何含义？为什么多次提到？
4. 亲吻在葬礼中有何特别的含义？

表 5　探讨内容

探讨的问题	
查阅的资料（写出资料的作者、题目及出处）	
探讨的结果	

（二）探讨小案例

你的同龄人中有人对文中蜡烛、亲吻的含义感兴趣，于是他上网搜索，找到了《〈蜡烛〉一文中的宗教意义》这篇文章。请你阅读，然后写一篇小文，写清关于蜡烛、亲吻在《蜡烛》一文中的含义，以及你从中体会到的老妇人的精神。有条件的话请将思考结果发至 QQ 群，和同学共同分享交流。

《蜡烛》一文中的宗教意义①

程东文

《蜡烛》一文的作者西蒙诺夫是一名战地记者，他随苏联红军参加南斯拉夫的反法西斯的战争，亲历战场，以真实的故事为题材，写下了这篇战地通讯。

文章的主体记叙并不复杂：老妇人育乞西为一位牺牲的苏联红军战士堆了一座坟墓，亲吻了死者的额头，还点燃了自己珍藏多年的婚礼蜡烛。

有参考书是这样说的：

“这篇战地通讯是一首赞美诗，一曲颂歌。赞美反法西斯同盟各国战斗的友谊，讴歌南斯拉夫人民对苏联红军的深厚感情。

“写老妇人安葬烈士的礼仪也很具体，例如掩埋之前‘老妇人跪到死者旁边，用手在死者身上画了十字，又吻了死者的嘴唇和前额’，一个一个动作都作了描写，也是很感人的。

“作者在诸多感人的因素之中又突出蜡烛，郑重地说明，这是‘45 年前她结婚的喜烛，她一直舍不得用，珍藏到今天’，从摸出蜡烛之后，直到结尾，一直围绕着烛光展开细腻的描写，在这样一个特殊的环境里，特殊的氛围

① 程东文.《蜡烛》一文中的宗教意义．语文学习，2009，(5)．略有删节．

中，烛光显出了特殊的意义，造成一种诗的意境，结尾像抒情诗一般赞美烛光，让人沉浸在这个意境之中，眼前总是那一点烛光，久久不能忘怀。”

以上的解读，很革命英雄主义和很共产国际主义，也注意到描写意境的精妙和抒情氛围的浓郁。但我认为这些理解没有触及文本的核心价值，忽略了其中几个有关宗教背景的要素：蜡烛、亲吻和葬礼。

一、蜡烛是东正教葬礼中最为重要的宗教物品

东正教葬礼很特别，其中点燃蜡烛是很重要的甚至是标志性的仪式，葬礼上更是如此。葬礼的核心的就是用燃烧着的蜡烛和熏香来接引灵魂走向光明。因此，蜡烛既是接引光明，在悲哀的氛围中，也代表着真正的希望。

“光明”是基督教神学的重要理念。属于其分支之一的东正教神学在建立自己的学说时，常用光明来代表神的意念。东正教的苦行精神就是架构在此观念之上的。所以，东正教的圣像画廊不设灯光，只需要燃烧的蜡烛。在飘逸的烛光中，大家一起享受光亮与美好。东正教徒在复活节庆祝耶稣复活并开始新生活的时候，礼拜者们也要在午夜时分传递蜡烛。

如果大家有兴趣，可以关注东正教堂的顶部的形状。在顶部，有“洋葱”形状的圆屋顶，这是俄国东正教教堂的特征。这个所谓的“洋葱”形状其实是代表蜡烛的火焰，而这火焰会燃烧到天堂。

这样，我们就可以理解，老妇人育乞西为什么会不顾危险，如此郑重地举行“一个人的葬礼”，她怀有朴素的情感，希望借此让失去生命的异国孩子能够循由烛光回到天堂。

二、育乞西献上的是母亲的亲吻

东正教的葬礼上，会出现亲吻死者的场面。神父在葬礼上带头亲吻死者的额头，同时最亲近的人也会这么做。

这篇通讯中，育乞西亲吻青年士兵的额头，是充当了神父和母亲的双重角色，她希望年轻的士兵死的时候记住亲人的样子，以便复活时能够返回。育乞西知道，孩子下葬的时候，如果没有母亲的吻，将来可能找不到回家的路。这虽然是朴素的宗教意识，却突出这个老妇人博爱的精神，这是一种人类的共同的大爱精神，超越了国界与民族。

总之，学习外国文学作品，应该对其宗教背景有一些了解，否则，如果只是用我们自己的文化背景与认知视野来解读这篇通讯，是难以理解准确和深刻的。

同伴分享

你的同龄人在阅读完上述文章后，摒弃了以立场分析人物行为的惯性思维，充分理解了蜡烛的宗教意义，从而更深刻地领悟了《蜡烛》一文中老妇人的人道主义精神。

在阅读这篇文章之前，我很自然地掉入了以战争立场和阶级立场解读老妇人行为的惯性中。通过阅读思考，我发现蜡烛和亲吻在文中都有着特殊的含义。蜡烛是东正教徒宗教生活和葬礼中最为重要的宗教物品，老太太拿出珍藏多年的蜡烛，献上充当神父和母亲双重角色的吻，以宗教的最高礼节安葬陌生战士。从中可感受到老妇人超越国界与民族的爱，感受到对生命的崇高敬意，这是一种博大的人类精神。

(三)拓展延伸

通过对文章细节的探讨，我们更感到老妇人的高大。她的高大在于她冒着生命危险埋葬红军战士，以宗教的最高礼节安葬战士，她拿出的是珍藏45年最珍贵的物件，她安葬的是异国的陌生人，做完这一切她默不作声……有人提出：如果战场上死的是德国士兵，老妇人还会安葬他们吗？你是如何看待这个问题的？

同伴分享

我认为老妇人也会安葬德国士兵。从她点蜡烛、亲吻逝者，以宗教的礼仪安葬逝去的生命这些行为中，我认为在她眼里，死者没有国界之分，没有民族之分，没有立场之分，他们都是平等的生命，应该得到善待，受到尊重。

(四)挑战思考

学完《芦花荡》和《蜡烛》，请自读聂华苓的《亲爱的爸爸妈妈》、雨果的《就英法联军远征中国给巴特勒上尉的信》，最后从不同角度比较中西方当代战争作品，写出至少三点不同之处。

表 6　中西方当代战争作品比较简表

角度 \ 文本	中国当代战争作品	西方当代战争作品
主题思想（歌颂战争/反对战争）		
表达的情感（同情/愤怒/喜悦）		
作品关注点（灾难/人性/反思）		
描写对象（侵略者/反抗者/受害者）		
其他角度		

第三课段 《安妮日记》阅读交流

在上一课段精读单篇文本的基础上，下面我们将一起阅读《安妮日记》。如果说前两个课段的学习是铺垫，那么这个课段的学习就是整个战争专题学习的主体了。

这一课段有以下学习内容：

一是泛读概述，完成基础阅读，即有关《安妮日记》的写作背景、作者情况介绍，以及丁刚《〈安妮日记〉的力量》；根据自己的阅读水平选读高年生的《一本震撼世界的日记——〈安妮日记〉》。

二是精读原著，阅读《安妮日记》。建议每天除语文课阅读之外，课外再阅读一小时，利用一周时间阅读完毕。

三是做分类笔记，将安妮在密室内生活（包括吃、穿、住）、精神方面的情况，以时间为顺序摘录或概括，并用表格或文本呈现出来。然后观察你摘录的笔记内容，看看安妮的生活发生了哪些变化，从前后变化中你看到什么，得到什么感悟，然后写下来。

四是分享交流。制作 PPT（一种使用广泛的演示文稿），在班级做读书汇报，或撰写读后感发至讨论群组和同伴交流。

五是阅读《安妮日记》精选片段，概括日记所叙述的事件，提炼出作者所阐述的观点以及表达的感情，然后观察表格，谈谈自己的发现。

六是举办纪念安妮的活动，包括撰写墓志铭，完成纪念安妮活动的策划书，并根据策划书举办相关活动，等。

在这一课段，你可以有意识地使用前面所学过的问题探究技能，运用质疑读书法、批注法研读《安妮日记》。当然，分享阅读体会是学习的重要途径，要争取班级汇报的机会。

建议用时 10 课时。

一、背景泛读

学习任务

1. 了解安妮和《安妮日记》的有关情况，完成安妮档案表。
2. 选读高年生的《一本震撼世界的日记——〈安妮日记〉》。
3. 阅读《〈安妮日记〉的力量》。
4. 观看电影《街头日记》。
5. 写下你对为什么要读《安妮日记》这个问题的思考。

(一)安妮和她的日记

阅读《安妮和她的日记》，然后填写表格中有关安妮档案的内容。

安妮和她的日记①

华宗德

安妮·弗兰克，1929 年 6 月 12 生于德国法兰克福一个犹太人家庭，其父为一公司总经理，母亲是大家闺秀。安妮自幼备受父母的宠爱，上学后又得宠于老师，真可谓养尊处优。1933 年纳粹上台后，安妮随父母迁往荷兰阿姆斯特丹。1940 年纳粹德国占领荷兰，迫于日益残酷的排犹浪潮，1942 年 7 月全家躲进普林森河畔小屋(现安妮·弗兰克纪念馆)，藏身阁楼密室 25 个月。这位 13 岁犹太少女在日记中记下了她的孤独和恐惧，对生的追求和期盼，对未来的向往和祝愿。后被人告发，1944 年 8 月被捕，1945 年 3 月死于集中营，年仅 16 岁。1947 年《安妮日记》在荷兰出版，后被译成 55 种文字，纪念馆内也陈列有这本动人心魄的日记的中译本。

这位少女在特定年代记下了对人生和战争的看法。她说：“我较其他少女更早开始思考，我认为，作为人应对自己负责。”她的日记就是明证，表达了她对法西斯和战争的憎恨，对和平的渴望。

① 华宗德．安妮和她的日记．语文(八年级上册)．北京：人民教育出版社，2007：47.

表7　安妮·弗兰克档案

姓名	安妮·弗兰克	作品	《安妮日记》
国籍		出生日期	
家庭背景		写作地点	
作品出版情况		写作时间	
作品主要内容			
作品主题			

(二)关于《安妮日记》的故事

根据自己的实际情况选读，学有余力者可以全文阅读，其余同学阅读前两个部分。

一本震撼世界的日记——《安妮日记》[①]

高年生

有一个女孩，她出生在德国，却被视为荷兰人的骄傲，至今仍然有无数荷兰公民强烈要求政府追认她的荷兰国籍。虽然她不是荷兰人，因为荷兰法律不允许死后追授国籍，但2004年荷兰KRO电视台评选十大荷兰伟人，她却当选，名列第八。她就是以一本日记震撼世界的犹太少女安妮·弗兰克。这本风靡全球的日记叫做《安妮日记》。

《安妮日记》是全球最多人阅读的100本书之一。自1947年发表以来，以65种语言版本在全世界发行了3000多万册，成为发行量最大、影响力最大的“二战文学作品”。在第二次世界大战结束69年之后，直接和间接描述二战的文学作品汗牛充栋，历经沉淀和淘汰后，《安妮日记》依然闪烁着独特的光辉。2009年7月30日，《安妮日记》被正式收入联合国教科文组织《世界记忆名录》。这样一本具有不可替代的真实意义的文献入选《世界记忆名录》是名副其实的，因为小安妮对历史的记忆做出了杰出的真实记录。

阴森密室中绽放出太阳的光芒

安妮·弗兰克1929年6月12日生于德国美因河畔法兰克福一个富裕的

① 高年生. 一本震撼世界的日记——《安妮日记》. 博览群书，2014，(7). 略有删节.

犹太家庭。1933年希特勒上台，在德国掀起迫害犹太人的浪潮，安妮一家被迫迁居荷兰。第二次世界大战爆发后，德国法西斯占领了荷兰，在这里避难的犹太人同样遭到残酷迫害。为了逃避生离死别的命运，安妮一家躲进了父亲公司的大楼。这栋楼房离市中心不远，由两部分组成，一部分是主楼，面向运河，另一部分是后屋，隐藏在主楼后面，四面被楼房包围。从主楼进入，经过一道狭窄的木梯，来到一个小小的楼梯间。楼梯间左右两侧都有门。左边的门通向库房、阁楼和顶楼，右边的门后来改造成可转动的木制书柜，这就是后屋的秘密入口。谁也想不到，在这个不起眼的书柜后面还会有这么多房间。安妮一家人和另外4名犹太人就在这后屋楼上不足50平米的密室里躲藏了两年一个月。

8个犹太人与世隔绝，生活在阴森的密室里，不能打开窗帘，怕别人看见，必须保持绝对安静，因为楼下的办公室和库房白天都有人工作。他们在这种暗无天日的境况中生活了两年多。小安妮就是在这种特殊条件下成长起来的。

1942年6月12日是安妮的13岁生日。她收到的生日礼物中有一本日记簿。从这一天起，安妮开始写日记。除了开头那一部分，日记都是写于后屋密室。安妮在日记中记下了她全部的心理活动、她的思想和感受、她的孤独苦闷心情，当然也包括后屋中的日常生活、她和这个临时大家庭中每一个成员的关系。青春期的骚动与渴望、心理压抑的郁闷与苦恼、初恋的甜蜜与战栗，都在日记中得到了真实的记载。这本日记成了她的知心好友和精神支柱。

在这本朴实无华的日记中，人们可以看到法西斯主义的恐怖统治如何在一个正在成长的少女心理上投下了浓重的阴影，可以看到一个少女对纳粹摧残、扭曲人性的控诉。作为一名成长中的少女，她在日记中吐露了与母亲不断发生冲突的困惑以及对性的好奇。在种族歧视和战争迫害的社会大环境中，在恐惧和焦虑中的密室生活在她朴实流畅的笔下深深地揪动着每一个读者的心。

安妮想成为记者和作家，可这个美丽的愿望在当时就像室外蓝天那样可望而不可即。但是苦难生活并没有把安妮压垮，她始终没有对生活失去信心。她乐观坚强，心中怀着不可泯灭的希望。她在日记中写道："我常常心情沮丧，可是从不绝望。"(1944年5月3日)"每当我仰视苍天，我就会想，一切都会重新好转，这种苦难的生活也一定会有尽头，和平和安宁将会重新回到世界秩序中来。在此期间，我必须保持我的理想，也许有那么一天，这些理想还能实现!”(1944 年 7 月 15 日)“自己幸福的人，也会使别人幸福。有勇气和信心的人，不会被苦难压垮!”(1944 年 3 月 7 日)“只要还有这阳光，无云的蓝天，只要我能看到这些，我就不会忧伤。”(1944 年 2 月 23 日)

经过密室中无数个漫漫日夜，安妮由一个任性、少不更事的女孩蜕变为一名成熟的少女。面对残酷的战争、暗无天日的生活、扭曲的人际关系和青春期的种种苦闷，安妮有着自己的坚持和思考。她在 1944 年 3 月 17 日的日记中写道：“我们在内心却比同龄少女要大得多。虽然我只有 14 岁，但我已很明白自己要什么，能分清谁是谁非，我有自己的意见、看法和原则。”

她的性格和她所处的环境有密切的关系，所以她对战争的观察和思考要比同龄人更加深沉，有着常人无法达到的思考深度。1944 年 5 月 3 日她在日记中写道：“究竟为什么要打仗？人类为什么不能和平相处呢？…… 我不相信战争只是大人物、统治者和资本家搞出来的。不，老百姓也是有责任的，否则各国人民早就会起来造反了！人心中有着一种毁灭的欲望，有一种杀人和破坏的欲望，只要全人类没有例外不经过一次脱胎换骨的改变，就会有战争，建设、培植和生长的一切就会又被中断、被破坏，然后又从头来过!”

要理解这一段话，就要了解一个基本事实，那就是人民对统治者发动的战争持怎样的态度。以德国和日本为例。德国和日本法西斯当政的时候，这些国家的老百姓是支持政府的。在有组织的疯狂屠杀犹太人的行动中，很多是来自德国社会底层的普通人。如果仅仅把战争罪恶归咎于统治阶级，就无法实现民族的反省，人民没有反思，也就不可能有效地制止战争的再次发生。德国著名作家艾米尔·路德维希在他的《德国人：一个双重历史的国家》一书中谈及二战时说：“所有这些陈述，都没有涉及德国人民应当负什么罪责。但是在国内深入一步追究这场世界大战的罪责，就会直接指向德国人民。德国人民多年来以默许的态度对待这场罪恶，这是徒劳的。”同样，在日本侵华期间的所有的烧杀奸掠也都是普通日本人干的，日本人对那场战争不仅默许，而且积极地拥护并参与了侵略和屠杀。日本人民不是无辜的，他们也是施害者，对这场战争，他们也是有责任的。日本人民只看到自己民族经历了战争苦难，而没有深刻认识他们给中国和亚洲人民制造的苦难。习惯说法一般是把战争说成政客和资本家的利益之争。我们也习惯上把战争作为一小撮政客资本家出于私欲而造成的罪恶，而忽视了人民应当负的责任。这在安妮那样具体的受害者看来，是难以接受的。把人直接赶进毒气室或是对手无寸铁的妇女儿童开枪，在一个城市制造几十万人的大屠杀等，都不是政客或是资本家亲手所为，而是各个国家普通的劳动者以及来自民众的普通士兵做出的。安妮作为纳粹排犹的受害者，她这样思考是深刻的。

如果因此就断定安妮认为人的内心世界是邪恶的，那也不符合她的思想逻辑。世界虽然这样，但安妮还是相信人在内心里其实是善良的。她相信战争的罪恶必将终止，人民也将觉醒，从她的一家在逃亡前后所获得的帮助，从反法西斯战争的进程，她认为正义能够战胜邪恶，善良能够战胜野蛮。

她在日记中写道："真奇怪，我还没有放弃我的全部希望……因为我还一直相信人的善良本性…… 每当我仰视沧(苍——编者注)天，我就会想，一切都会重新好转，这种苦难的生活也一定会有尽头，和平和安宁将重新回到世界秩序中来。"(1944 年 7 月 15 日)

在安妮的 15 岁生日时，她已将自己的反省提高到了社会层次，开始思考男女平等等社会问题了："令我苦思冥想的问题很多，其中一个就是为什么在各个民族中女人过去而且到现在还常常比男人的地位低得多……现代妇女想要完全独立的权利。但是仅仅这样还不够，妇女必须获得尊重…… 我相信，生孩子是女人的义务的观念在下一世纪定会改变。取而代之的是对女人的尊重和赞赏。"(1944 年 6 月 13 日)身居密室接近两年的 15 岁少女居然能如此谈起男女平等这个深刻的社会问题，不能不令人感叹！

逆境中的成长，绽放出了太阳的光芒；困境中的坚持，为希望指明了方向。从《安妮日记》中，我们看到的不仅仅是无情的战争、残酷的种族迫害和成长的烦恼，我们还看到了安妮对生活的热爱、对人性的关怀和对未来的憧憬！这是她给我们留下来的宝贵的精神财富，激励我们也要怀着一颗永不气馁不屈服的心，去面对人生当中未知的困难和危险。

日记出版后的故事

日记从 1942 年 6 月 12 日写到 1944 年 8 月 1 日。8 月 4 日，盖世太保冲进后屋，逮捕了所有隐藏的人并把他们送进集中营。后屋中值钱的东西被抢掠一空。后来米普和艾莉在被盖世太保忽视的书籍、杂志和报纸中间发现了安妮的日记。战后，8 人中只有安妮的父亲奥托·弗兰克一人得以生还。安妮于 1945 年 3 月解放前的两个月，在贝尔根-贝尔森集中营去世。那时她还不到16岁。一个含苞欲放、才华横溢的少女就这样夭折了。

战争结束后，奥托·弗兰克回到阿姆斯特丹。米普将安妮的日记交给他。奥托·弗兰克经过深思熟虑，决定完成已去世女儿的宿愿，以书的形式出版日记。1947年，题名为《后屋——安妮·弗兰克日记》首次在阿姆斯特丹出版。不久，英文、日文、法文、意大利文和德文版也相继问世。各国读者反响热烈。

最引人注目的反应来自德国。1950年，海德堡 Lambert Schneider 出版社出版了德文版日记，第一次只印了4500册。当时很多书店还不敢把这本书陈列在橱窗里。德国是制造这场人类悲剧的罪魁祸首。战后几年，德国政府试图教育国民认识希特勒法西斯主义的罪恶本质，却总是收效甚微。然而，这次，安妮的日记却使他们大大震动了，他们从中看到了自己所犯下的罪行。1956年10月1日，话剧《安妮日记》在东德、西德、奥地利和瑞士这四个德语国家七大城市同时上演。上演后，人们陷入了深深的沉思与反省之中。一位评论家说："《安妮·弗兰克》一剧之所以获得成功，是因为它使观众理解了历史。我们观看这出戏就像观看一份用最谦卑而可怜的措辞写的控诉书，控诉那些人丧失人性。没有人因我们是德国人而谴责我们，我们自己谴责自己。"一位前纳粹党党员来信说："我曾是一个忠实的纳粹党党员，但直到那天夜里看这出戏之前一直不知道纳粹意味着什么。"

《安妮日记》在美国几乎家喻户晓。1955年，根据日记改编的舞台剧在纽约首次公演，获得巨大成功，后来赢得普利策奖。1959年又拍成电影，女主角谢利·温特斯获得奥斯卡金像奖，后来她将其奖金全部捐献给安妮故居博物馆。前总统罗斯福的夫人在美国发行的英文版前言中写道："在我读过的书籍中，这是对战争影响描述最为现实和聪慧的记载之一。"希拉里·克林顿指出，安妮日记"唤醒我们不要再做出愚蠢的歧视行为"。1999年6月，美国《时代》杂志将安妮·弗兰克评为"世界上最具有影响力的百名人物"之一。编者罗森布拉特对她做出了这样的评价："《安妮日记》燃起了所有人对她的热情，她使人们认识到大屠杀、反犹太主义，也使人们认识到她的童真、善良、仁慈，更成为现代世界的精神象征——不仅是在受着各式各样影响的个人精神道德上，或是在坚定人类对生存的渴望与对未来的憧憬上。"他同时表示："当人们敬重安妮的勇气与实事求是的态度时，同时她对自身的分析能力与写作能力亦使人钦佩……她的声誉所以能长存不朽，主要是因为她具有高度文学水平。不论甚么年龄来看，她都是一个水平极高的作家，能在当时残酷的现实环境下写出了如此优秀的作品。”

在法国，日记由乔治·纳乎改编成剧本，演出轰动了整个巴黎。法国著名女作家爱尔莎·特丽奥莱弗写道：“安妮·弗兰克如果还活着，也许会成为作家、诗人。安妮·弗兰克的日记透露出一种早熟的才能，一种勾魂摄魄的感染力。”

在荷兰，朱丽安娜女王观看了演出。《纽约时报》报道了演出情况：“当演出达到高潮和结尾——德国盖世太保猛击后屋的声音响起时，剧场中发出一阵压抑着的凄泣声。幕落下好几分钟，观众仍寂静无声。皇室成员离开剧场后，大家才站起来。没有鼓掌。”

1952年日记译成日文出版，次年即位列畅销书榜首。据以色列海法大学日本历史文化研究专家罗泰姆·卡瓦纳说，《安妮日记》在日本非常受欢迎，销量仅次于美国。他指出，在日本读者眼里，该书超越了犹太人主题，更多地象征着年轻人为生命而奋斗的精神。

1994年，南非第一位黑人总统纳尔逊·曼德拉接受安妮·弗兰克基金会颁发的人权奖时说，他在狱中读过安妮的日记，从中获得更多的鼓励。

2002年，英国作家兼儿童文学理论家艾登·钱伯斯获得国际安徒生奖。在颁奖会上，其获奖感言完全出人意料，居然主要是谈《安妮日记》。钱伯斯开门见山地发问：“当我以儿童的代言人身份写作小说时，我到底以为自己在干什么？你们今天把这个宝贵的奖颁发给我，你们是在奖励什么？”他认为这两个问题是所有儿童文学作家从事创作的实质性问题，而这两个问题在《安妮日记》里都能找到答案，那就是：“我们都应该像13岁的安妮那样去写作，她的作品是少年儿童写出的最伟大的作品。”

此后，日记的受欢迎程度与日俱增，在德国、美国等国被列入学校课程。德国和其他一些国家许多学校和街道以她的名字命名。后世也创作了大量以她为参考或以她为主题的文学、音乐、电视及其他媒体作品。1995年，一颗编号为5535的小行星被命名为“安妮·弗兰克之星”。

二战结束后，安妮藏身的楼房已经人去楼空，破旧不堪。1955年，一家荷兰公司申请在此地修建办公大楼。阿姆斯特丹市民听到这消息后非常生气，他们自发成立了“行动委员会”，并找到阿姆斯特丹市市长。其中一些有实力的企业家还表示愿意出资建立一个基金会，把安妮故居改建成一个博物馆。1960年，安妮故居博物馆“安妮之家”成立。在博物馆开门的最初10年里，欧洲大陆极少有人去参观，主要的参观者来自英美以及那些没有被纳粹占领过的国家。因为他们没有经历过大屠杀，他们希望通过《安妮日记》来了解一些过去的历史。20世纪70年代，每年参观者约有20万。那时距二战结束已近30年。安妮博物馆董事会认为，随着时间推移，人们对二战的兴趣会慢慢减小，于是他们决定在10到15年之后关闭安妮故居博物馆。但他们没有想到的是，人们并没有因为二战的远去而淡忘历史。相反，越来越多的人来到这里参观。安妮故居博物馆因此免于被关闭的命运。如今“安妮之家”已成为阿姆斯特丹的一个著名的景点，被誉为欧洲十大最值得参观的博物馆之一。全年参观人数已超过一百万。

除了阿姆斯特丹，全世界每年还有150多个城市举办了安妮·弗兰克展。2007年12月22日，《安妮·弗兰克日记：历史的见证》展览在北京国家图书馆开幕，首次与广大的中国参观者见面。

奥托·弗兰克根据安妮的两种版本(即原始本[A版]和安妮本人修订的版本[B版])编成一种缩写本(C版)1947年在荷兰问世时，其中删除了有些段落或文字，因为当年不受拘束地谈论性的题材尚不合时宜。另一重要原因在于，奥托·弗兰克想要保护对他的妻子和后屋的其他难友的怀念；安妮·弗兰克写日记时对自己的好恶都直言无忌，难免言辞偏激。奥托·弗兰克于1980年去世，遗言将女儿的日记手稿赠予设在阿姆斯特丹的荷兰国家战争文献资料馆。位于瑞士巴塞尔的安妮·弗兰克基金会作为奥托·弗兰克的单独继承人，继承了他女儿的全部著作权。该基金会决定从现有的安妮·弗兰克文稿中给新版本补充新内容。新版本的编辑工作由德国作家兼翻译家米莉亚姆·普雷斯勒(Mirjam Pressler)担任，她完整无损地接受了奥托·弗兰克的版本，根据A、B两个版本补充了新的内容。普雷斯勒新编的版本比旧版本的篇幅增加足有四分之一，旨在使读者更深刻地了解安妮·弗兰克的内心世界。新版本获得了安妮·弗兰克基金会的批准。

20世纪90年代末，人们又发现了迄今为止不为人知的五页日记原稿。1999年，安妮·弗兰克基金会前主席、美国大屠杀教育基金会主席绍克(Cornelis Sujik)宣布他拥有奥托·弗兰克于1980年临终前不久赠送给他的五页日记稿。这五页日记原稿由于内容涉及安妮对她父母婚姻的批评和安妮与母亲的紧张关系曾被奥托·弗兰克删除。绍克欲出售这五页日记原稿，为美国大屠杀教育基金会筹款，因此他与作为奥托·弗兰克继承人的安妮·弗兰克基金会发生争执。2000年，荷兰教育文化与科学部同意捐出30万美元给绍克的基金会。2001年这五页手稿归还荷兰，被收入新版本的日记中。2009年2月，人民文学出版社得到安妮·弗兰克基金会资助，取得大陆独家版权，出版了国内第一个中文全译本。

右翼分子对日记刻意抹黑

事实上，早在《安妮日记》出版后不久，便有右翼分子质疑日记的真实性。为了证明《安妮日记》的真实性，荷兰政府组织了一个调查委员会，专门对此进行了考证。经过调查考证，委员会形成了一本数十万字的厚厚的调查报告。大量证据表明，《安妮日记》的真实性无可置疑。

但是，否认纳粹大屠杀的人并未停止抹黑日记的企图。在德国，纳粹的阴魂还时隐时现。2006年6月，德国东部马格德堡发生了一起公开焚烧《安妮日记》的事件。此事遭到德国公众强烈谴责。2007年3月8日，舍内贝格地方法院以"煽动民众"和"诋毁对死者的纪念"的罪名判处策划这一事件的五名涉案青年缓刑九个月。

当今世界，违背人性的言行仍不时出现。早在1996年，法国极右翼政党国民阵线主席勒庞就声称，纳粹德国用毒气室杀害犹太人"只是二战中的细枝末节"。《安妮日记》近来在日本被大量撕毁。此次《安妮日记》损毁事件让人联想起20年前美国犹太人人权组织"西蒙·维森塔尔中心"与日本否认犹太人大屠杀势力的一次激烈交锋。1995年1月，日本文艺春秋社旗下刊物《马可·波罗》刊登了内科医生西冈昌纪一篇否认犹太人大屠杀的文章。文中振振有词地宣称，纳粹毒气室并不存在，犹太人大屠杀纯属"虚构"。刊登此文的杂志一上市，以"西蒙·维森塔尔中心"为首的犹太人组织第一时间就向文艺春秋社提出强烈抗议。《马可·波罗》编辑部和文艺春秋社一开始还想辩解，但"西蒙·维森塔尔中心"随即呼吁包括日本在内的全球企业抵制文艺春秋及其旗下所有刊物的广告。受此影响，文艺春秋社全面丧失广告收入，面临经营困境。事发不到两周后，文艺春秋社公开谢罪，并宣布《马可·波罗》停刊，解除杂志总编的职务，以及发表西冈文章相关的编辑部人员全部下岗。不久，文艺春秋社社长宣布引咎辞职。这起风波以"西蒙·维森塔尔中心"的全面告胜落幕。

然而，日本一些势力礼赞纳粹、否定历史的言行并未因此销声匿迹，时不时有各种沉渣改头换面浮出。去年，日本副首相麻生太郎建议效仿纳粹修宪，再次引来“西蒙·维森塔尔中心”的抗议和不满。“西蒙·维森塔尔中心”副会长亚伯拉罕·库柏在今年2月26日的采访中表示：“该事件是对安妮所代表的那段历史进行的攻击。这是促使日本进一步思考如何面对仇恨犯罪的好机会。”

对于同样发动过侵略战争的日本来说，只有直面过去发生的一切，才能迎来更加光明的未来。令人遗憾的是，日本政府远没有清算侵略战争中的罪行，甚至没有坚守用战争历史教育年轻一代的承诺。日本仍有部分人一直到今天也没有正视战争对亚洲人民犯下的滔天罪恶，对历史问题等都采取否定态度。忘记历史就意味着背叛，但《安妮日记》蕴藏的力量却无法破坏，它始终激励人们与那些令人憎恶的行为斗争到底。《安妮日记》会一直流传下去，控诉战争与丑恶，宣扬和平与友善，用她真挚的文笔，感动和启迪一代又一代人！这部伟大的作品昭示人们：邪恶终将灭亡，希望与善良的力量永存。不论一个人生活在世界什么地方，也不论他的年纪大小，都能从这部日记的字里行间获得源源不竭的力量。

1944年4月5日安妮在日记里写道：“我要活下去，在我死后也继续活着。”安妮真正地实现了自己的愿望，她心底的声音被保存下来了。正如欧思斯特·斯赫纳倍尔所说：“几百万人的声音被压制下去，这个低低的声音只不过是一个小孩子的悄悄话……它比杀人者的嚎叫更持久，比时代的一切声音更响亮。”

“当人们记住过去的时候，就有希望。”让我们记住维森塔尔的这句话吧。

(三)感受安妮的力量

《安妮日记》的力量[①]

丁　刚

拐进市中心广场旁的小街，目光扫过出售旅游纪念品的一排小店，停驻在不远处一家店铺门前，那里竖立着一幅近两米高的安妮·弗兰克的照片。

这不是在欧洲的某个都市，而是在秘鲁首都利马。那个因一本日记而闻

① 丁刚.《安妮日记》的力量.人民日报，2013-11-18.

名于世的德国犹太小姑娘正面带微笑，注视着来自世界各地的游人。

走进店铺，才发现里面陈列着很多与《安妮日记》相关的图片，一群学生在老师的带领下有序参观。门口展板上写着，这是由欧洲犹太人组织与秘鲁教育协会联合举办的巡回展。展览在利马结束后，还将转赴其他地区。

多年前，笔者曾在欧洲工作，在不少地方看过类似的图片展。有时是在某个城市的图书馆里，有时是在停靠街头的展览车上。从 2005 年开始，由荷兰阿姆斯特丹“安妮·弗兰克之家”博物馆发起的全球巡回展，迄今已经走过了 40 多个国家和地区，仍未止步。

《安妮日记》的展览走到哪里，哪里就会出现《安妮日记》阅读热，相关的电影和戏剧往往也会同时上演。自 1947 年首次出版以来，这本日记已有 60 多种语言文字的版本，发行量超过 3000 万册。《安妮日记》是全球中小学生课外阅读的书籍之一，还成为欧洲一些大学的研究课题。

几十年来，《安妮日记》成为人性、和平、反战和反种族歧视的教科书，成为二战史的“活课本”。对很多读过《安妮日记》、看过相关图片展或电影电视的孩子们来说，这是他们认识和了解纳粹及其法西斯主义的开始。他们当中的大多数人，会在翻过日记最后一页的同时，在内心深处将纳粹牢牢地钉在耻辱柱上。

为什么《安妮日记》的故事具有如此强大的生命力？因为它来自于最真实的人性。安妮通过日记的内心倾诉，让人们看到了对生存的渴望。安妮在日记中表现出的对自由与和平的追求，在一代又一代人的心灵深处引起强烈共鸣。它给全世界为和平奋斗的人们带来希望的同时，也让人们对那些试图重温历史旧梦的人格外警惕。

一本小姑娘的日记，能够在世界范围内对法西斯思潮形成如此持久而强大的威慑力，这对亚洲国家的二战史教育及其相关影视作品的创作来说，具有启示意义。亚洲的今天，依然面临日本军国主义阴魂不散的威胁，怎样通过二战故事的讲述来巩固和扩大正义的力量，形成更为强大的舆论压力，是值得探讨的课题。

(四)观看电影《街头日记》

《街头日记》，讲述了美国威尔逊高中一群被《安妮日记》改变的“熊孩子”的故事。这群“熊孩子”背景复杂，不是罪犯、瘾君子，就是亲人或父母在坐牢，通常是被老师甚至学校“放弃”的，是被主观定性为“没有希望”的一类人。这类人走出校门，生活也只留给他们一条道路，那就是混入黑社会，生活在刀光剑影中。

爱林·格鲁威尔，这位“爱管闲事”的老师的到来，引起了学生极大的反弹。然而她最终找到了和学生交流的突破口，她发给每位学生一本《安妮日记》，主人公安妮在密室成长时所面对的挑战与困境，引发了学生的共鸣。于是，爱林·格鲁威尔趁热打铁，让学生们也学安妮·弗兰克记日记，或者记下一天发生的事情，或者记下某些情感的变化，当然还有时时刻刻所要面对的困境，以及内心的挣扎……这位热心、善良的老师最终改变了他们的生活与未来。

导演理查德·拉·格拉文斯（Richard La Gravenese）拍摄这部影片的目的就是想让整个故事看起来发人深省，他希望孩子们学会用笔来代替枪与暴力，学会记下生活中的一切，以日记的方式反思自己的过去。当写作变成最有力的反击武器时，也代表着孩子们在向过去告别。影片中爱林正是通过记日记这种方式，走进孩子们的生活与心灵世界，改变了一群被认为“没有希望”的“熊孩子”。这让我们有理由相信，写作是最有力的武器，是重塑灵魂的“灵丹妙药”。

(五)小练笔

阅读完以上文章，观看完电影，请阐述今天仍要读《安妮日记》的理由，300 字以上。

二、原著研读

《安妮日记》属于日记体文学。日记不像小说那样，有连贯、曲折的故事情节，它记录的是亲身经历中的所见、所思、所感，具有真实性和个性化的特点。日记的真实性会让阅读者产生身临其境的感觉，个性化的感悟会激发思考表达感受。因此阅读日记时，要关注作者所叙述的事件、所表达的感悟，并记录自己对文中事件和作者感悟的思考，实现与作者、作品的对话，将阅读思考推向深处。

学习任务

1. 阅读《安妮日记》，建议利用语文课阅读，每天 40 分钟，争取利用 5 课时阅读完毕。

2. 完成阅读闯关任务。

(一)阅读第一关

阅读《安妮日记》第 1～29 页(1942 年 11 月 17 日)，完成下面的任务。

1. 安妮从______________(时间)开始写日记。

2. 犹太人受到了哪些迫害？

3. 进入密室前安妮的生活状况如何？进入密室后安妮的生活发生了什么变化？

4. 绘制密室成员以及帮助者的人物关系图。

(二)阅读第二关

阅读《安妮日记》第 29 页(1942 年 11 月 19 日)至第 74 页(1943 年 12 月 24 日)，完成以下任务。

1. 从日记看，安妮是个怎样的人？密室成员是如何评价安妮的？

2. 密室八人离开密室后要做的第一件事是什么？对此你有什么想法？如果是你，答案又是什么？

3. 在密室中，安妮面临哪些困境？她是如何处理的？

(三)阅读第三关

阅读《安妮日记》第 75 页(1944 年)至结束，完成下面的任务。

1. 安妮的爱好、理想是什么？对此，你有何评价？

2. 从这部分日记中，我们发现安妮成长了，她学会了感恩、理解、坚强、理性等，她思考了婚姻、爱情、政治、战争、女性平等问题。请从文中摘录出至少三处体现她成长的语句。

3. 在 1944 年 3 月 7 日的日记中，安妮回顾、反思了之前的生活，请根据日记内容填写表 8。

表 8　安妮的自我评价与反思

时间	自我评价(性格特征)	反思
1942 年进入密室前		
1942 年进入密室后		
1943 年上半年		
1943 年下半年		

4. 人的成长需要一个缓慢的过程，而安妮却在短短一年多的时间内迅速成长，为什么？请结合文本和生活经历谈谈你的见解。

三、分类摘录

学习任务

1. 做分类笔记，将安妮在密室内生活(包括吃、穿、住)和精神方面的情况，以时间为顺序摘录或概括，并用表格或文本呈现出来。

2. 观察你摘录的笔记内容，看看安妮的生活发生了哪些变化。从前后变化中你想到什么？请记录下来。

师生共学

怎么做分类笔记

做读书笔记是学习积累的好方法。那么怎么做分类笔记呢？

首先，给笔记本逐页标上页码，尽量标在显眼易找的位置，一般习惯标注在右下角。如果是活页本，可以不标注。

其次，根据个人阅读习惯、喜好、学习要求和书籍特点进行合理的分类。可以按照字、词、句、段进行分类；可以按照摘录、赏析、感悟分类；可以将句子具体分为哲理类、文采飞扬类、修辞类、名言警句类等；还可以按照修辞分为拟人句、排比句、比喻句等。如果老师对阅读某本书提出具体要求，那就要根据学习要求进行分类。比如，阅读《安妮日记》，要求将安妮在密室内生活(包括吃、穿、住)、精神方面的情况，以时间为顺序摘录或概括，并用表格或文本呈现出来。那么就可以根据安妮的活动，分为吃、穿、住、精神状况等类别。

当然，不管采用什么分类方式，有一个原则就是尽量体现书籍的特点，不生硬分类。比如，《伊索寓言》由三百多个寓言故事组成，寓言主要是通过讲故事达到教育人的目的，领悟寓言寓意是重要内容，因此就可以按照寓意的类型进行分类，这样读者就能更好地把握《伊索寓言》的精神内核。再比如，读《繁星·春水》，就可以按照冰心作品所反映的三大主题——大自然、母爱、童真，进行摘抄分类。而《水浒传》是章回体小说，在人物描写上尤为出彩，可以按照人物进行分类。每个人物下面还可以分为外貌描写、动作描写、语言描写类等。这样分类，才是遵循阅读规律，学习的效果才会更好。

紧接着，根据所分类别将笔记本划分出不同区域，贴上标签。每个区域都要留足页码。该留出多少空间？可以根据不同类别判定，比如词语少留一些，句子多留些。还可根据自己的偏好和以往做阅读笔记的经验，比如你喜欢哲理类的句子，那么就可以多留几页。还可以根据所阅读的书的特点做判断，比如，《水浒传》有关鲁智深的章节较多，可以多留空间。当然，有条件的建议购买活页笔记本，可以灵活插入页码。

然后，编制目录，标注出具体页码，以便可以迅速、准确无误地找到相应位置。

完成以上工作之后就可以根据分类做阅读笔记了。

同伴分享

（一）阅读笔记示例

1. 摘录式（按时间段摘抄）

战争开始前，我可以从安妮的描述中得知：她的生活是幸福的，快乐的——“在下课的时候，我把点心和糖果分给了老师和同学一起享用，下午大家在活动课结束之后，赠送给了我不少礼物，他们纷纷祝我生日快乐。我真的很快乐”；但是也有些遗憾——“看上去我没什么可缺的，不过重点是我没有知心朋友，哪怕一个也行”。从中我看出安妮渴望一个精神的依靠。

后来，战争无情地开始了——“到目前为止，我仍旧不清楚我们这是要去哪里”。安妮全家开始搬入密室。因为犹太人在离开家之后不敢拎大箱子，她与她的家人把能穿在身上的衣物都穿在了身上。“两件背心、一件上衣、三条短裤都被我穿在了里面，还有一条裙子、一件夹克、一件风衣也被我套在外面，脚上穿了一双最好的鞋，里面套了两双袜子，另外还把围巾围上，把全身上下能放东西的地方都塞满了小东西。”

安妮虽然暂时躲避起来，可她的朋友却不知在何方，安妮想要弥补，但唯一能做的只是祈祷——“可惜时间不等人！现在我做不了任何事情！我唯有真诚地为你祈祷，希望你能安全、坚强……”

“当圣诞节和新年陆续到来，我们困在这里无处可去，像个流浪汉一样。”从安妮这样的心理活动不难看出，她多渴望有一个真正安全舒适的家。

躲了将近两年，安妮的生活越来越不好了——“食物供应现在变得越发紧缩了。今晚的晚餐是用腌在大桶里的蔬菜做一份大杂烩”。这是多么令人难以接受，安妮这么小的孩子，现在却要忍受这样的贫苦。

安妮在这样艰苦的环境下依旧成长，物质上的匮乏却让安妮渐渐有些懂事起来，她开始反思以前做过的种种——“那时心情居然那么急躁，居然怀着那么深的怨恨与怒气对着妈妈。为什么会这样？我试着理解曾经的自己，谅解自己，最后却发现没有合适的理由。”从这里我也得知：安妮之前心情浮躁却无处发泄，所以对自己的妈妈态度不是很好。现在冷静了下来，用宁静的心态去看这件事，却发现以前的自己是如此糊涂、冲动。她的心理冲突让作为读者的我也不禁有些欣慰，安妮终于开始长大了。

（詹颖）

2. 混合式（摘录和点评相结合，按生活分类）

衣服：

我穿了两件衬衣，三条裤子，两双袜子和一件连衣裙，外面还套上一条裙子，一件风衣，脚穿着一双结实的鞋子，戴上帽子，围上围巾。（开始）

爸爸穿着已经磨损得不成样子的裤子，他的领带也很脏了。妈妈的收腰裤今天裂开了，穿的时间太长了，不能再补了。玛戈和妈妈这个冬天共穿三条内裤，而我的那条，小得连肚子都遮不住了。（后来）

点评：从中看出安妮一家人在密室里条件十分艰苦。

住宿：

尽管潮湿但已算得上舒适的密室。（开始）

我从一个房间徘徊到另一个房间下楼，又上楼，像一只被折断了翅膀的

鸟，不断用身体去撞击那黑暗的笼子的铁链。——气氛凝滞，沉重，令人窒息，一片死寂，如同黑暗的牢笼，深渊的底层。(后来)

点评：从中看出安妮渴望自由、渴望光明、渴望自然的气息。

食物：

安妮出生在富足的家庭，每餐饭必然是极为丰盛，且点心想必也是随手可得。(开始)

我们早餐只吃两汤匙热麦片粥，肚子饿得咕咕叫。我们吃半生不熟的菠菜，我们用来填肚子的只有白煮莴苣，生菜，菠菜和土豆。(后来)

点评：由此我们可以看出食物的供给越来越紧张，后来甚至把发霉了的豆子擦干净吃。而且食物来源不稳定。

精神状况：

乐观、无忧无虑—害怕—期望—抑郁、压抑—悲愤—烦躁—坚强、勇敢。

我以后坚决不想当一个普通的女人，要做一个为世界作出贡献的人。在自己死后，也依然活着。

点评：由此可见安妮的成长，她变得坚强又勇敢。即使在黑暗的环境中也心怀梦想。

(林劭麟小组)

3. 概括式(按年份分类概括)

《安妮日记》读书笔记

1942 年：

活泼的安妮，本是在学校中快乐地学习着。但因为犹太人遭到迫害，他们一家不得不搬进密室生活。除了能搬运过去的生活用品，其他用具必须自己打造。在密室中不得大声喧哗，一切外出活动也被禁止了，食物都是提前储备好的，最多的是土豆。生病也无法及时就医。逐渐也有其他人搬进密室一起生活，密室变得拥挤起来。此时的安妮，还没有适应密室生活，不能像她的姐姐一样投入学习，令她的父母忧虑，姐姐常常被当作教育榜样。逐渐地，安妮也会与妈妈拌嘴了。

1943 年：

1943 年的日记中，安妮的叛逆心理可谓达到了一个高峰。正处于青春期的安妮，常常对母亲的指责感到不满。她的姐姐相对于她来讲较为成熟，安妮则被当成一个不懂事的孩子。安妮逐渐与母亲疏远，不愿意被管，不愿受到指责……开始把更多的事放在内心里，把情绪宣泄在日记中。经历了这一段青春期的叛逆和孤寂，她的内心情感开始变得更加细腻。长期在密室中的压抑生活，使安妮十分渴望走到外面去自由地呼吸新鲜空气。1943 年前部分的日记中，常让人感到安妮的焦虑；而后部分，接近 1944 年的日记，安妮开始学会用平缓的语言抒发情感。外面局势越来越紧张，密室内的生活条件时常得不到保障，安妮时常为大家的身体健康担忧……经历了一段叛逆的特殊时期，安妮逐渐成长、成熟，学着去关心，关爱他人。

1944 年：

两年的密室生活，让所有人在精神和肉体上都遭受了创伤。1944 年战争警报迭起，生活在密室中的人，时常睡不了安稳觉。因物资短缺，常常填不饱肚子。对于集体活动的限制也越来越多。安妮在密室生活中，也收获了一份珍贵的感情，这使她在 1944 年中一直保持着阳光的心态。她与皮特之间似爱非爱的情谊，成了她精神上的寄托，令她感到幸福，她也能够与父母、姐姐沟通，说出内心的困惑。她不再任性，学会在日记中反思，完善自己。即使藏匿生活危机四伏，但她仍在等待自由的曙光。她用她的快乐，感染身边的人。

（吴淑颖）

4. 表格式（提炼关键信息）

表 9　1943 年安妮生活和精神状况变化简表

时间	衣	食	住	精神状况
1 月 13 日	自私地谈论着“战争结束后买衣服”		安全又清静	无趣
2 月 5 日		跟客人一起喝汤		通常很开心
3 月 10 日			昨晚没有电	害怕黑暗
3 月 18 日	找不到除了滑雪靴以外的鞋	吃了太多的莱豆和褐豆		

续表

时间	衣	食	住	精神状况
7月13日			只有两个下午能用桌子	遭到侮辱，很生气
9月10日			克雷曼先生住院	开心、高兴
11月8日				害怕 被压迫
12月22日		喝了加了蜂蜜的牛奶、吃糖或止咳药	密室很安静	得了重感冒，失落
12月24日			“与世隔绝”	处于“绝望之底”
12月30日		土豆、油、肥肉		对凡丹太太很不满

（邱溹滢）

（二）学习感悟示例

1. 主题纵深式（联系文本对作品所反映的主题进行议论）

这本书简直就是二战时期人们生活的浓缩，昏天暗地的战火，残忍的纳粹，无尽头的逃亡生活，这些都已经不足为奇了。而在这样的年代，孩子无疑是最可怜的了。他们处于身心发育的黄金时期，而纷飞的战火、物质的匮乏无疑给他们带来了灭顶之灾。不幸中的万幸，安妮这个内心丰富的孩子在小黑屋里喜欢上了男孩彼得。同是天涯沦落人，他们相互搀扶，只不过最后还是被现实打败。在安妮这个年纪，我们都还是天真无邪的模样，本就应该是享受快乐童年生活的时候，可是……刚走出童年的我为安妮的生活感到深深的痛心，她在那小黑屋中发生的一切巨大的心理变化，根本就不是她那个年纪的孩子所该承受的。因此，不论是我，还是安妮，都厌恶这无情的战争，没错，深深地厌恶着，因为它夺走了太多太多不属于它的东西。

这本书反映了战争的残酷，而我看到了一个女孩，在战火纷飞的岁月，在艰苦的环境下，坚强地成长，环境与家庭的压抑让她变得更加成熟懂事。尽管她们最后不幸被发现了，但我仿佛还能看见生命的火焰——一种对和平的渴望，一种对未来的向往。所以，现在生于和平年代的我们，更应该珍惜和平，不要让历史的悲剧重演，努力完成那些曾经在战争中饱受苦痛的人们的最后期望。

（詹颖）

2. 拓展延伸式(从所读文章拓展到其他文本)

有关二战、德国纳粹这类题材的文学作品我看了很多，然而看与自己差不多同龄的女孩子，去记述这样一个灾难，还是头一回。她把所看到的世界，所感受到的世界，全都用她最炙热的文笔记录了下来。相比起成人们的著作，她的文笔稚嫩了很多，但是她的文字中的正能量，绝不逊色于任何人。在一个花季般的年纪，却要遭受这般惨绝人寰的磨难。她的成长，令人刮目相看。这种作品，十分可贵的一点，便是记录下了她心灵的蜕变。她的内心始终向往和平，向往光明、自由。在苦难中坚持理想，时时刻刻焕发出人性的光芒。乐观坚强，是最适合于她的形容词。正如爱比克泰德说的：谁也不能剥夺我们自由的意志。

在阅读《安妮日记》之前，我还读了一本维多利亚·希普洛斯的作品——《线》，看完了两部同样反映德国纳粹的影片——《钢琴师》《美丽人生》。这三部作品，来自不同国度，但是对于战争，对于杀戮，都表明了抵制的态度。在作品基调的处理上，它们显得十分小心。

《线》以战争为背景，书中没有轰轰烈烈的杀敌场面，也没有用过多笔墨去正面写战争。作者选择表现小人物，以小见大，着重描写个人内心的情感，去渲染整部作品的气氛。虽然小说的主人公平凡地活着，可读者读完后仍有心潮澎湃的感觉。

《钢琴师》同样是以人物发展为故事主线，在人物情感的处理上可谓是细腻到极致，让人物的情感去带动观众的情感。

而《美丽人生》运用了喜剧元素，一边笑着，一边叹命运多舛。在战争这一凝重元素中融入喜剧，中国当代不乏这样的影视作品，但是缺乏反思的意味。总之，看完这些作品，我的心灵被深深地震撼，心头总是蒙着一层挥之不去的悲伤。我为《安妮日记》中在密室中的人的命运叹息，为《钢琴师》中斯普尔曼坎坷的一生叹息，为《美丽人生》中基多乐观面向死亡叹息，为《线》中卡捷琳娜平静面对动荡的心态动容……

他们都是凡世中的小人物，都是那个战争年代的受害者。他们的故事深刻反映了一个时代，一段历史。烽火中无法言说的悲伤，让我感到和平的重要。我想，这才是人们所需要的。以史鉴世，让生活在新时代的人们不要忘记先辈们用血肉之躯换来的幸福。这样引我深思的故事，在我国当代战争文本中，并不多见。最常见的，是英雄们荡气回肠的壮举，涵盖了全部情节与中心。

安妮用她充满稚气的文笔，用她的童心，告诉了我们乱世中的苦难，告诉了我们，他们对和平的渴望。年轻的生命早逝，但她生命的活力永世长存。

合上书页，将身心带回现实，现如今的生活，是过去的人们可望而不可即的。书中，封印着一个不屈于黑暗、期待黎明的灵魂。而身在阳光下的我，更是应该怀抱着理想，怀抱着过去的黑夜，面向未来。

（吴淑颖）

3. 联想启发式(联系生活体验，从文本中受到启示)

废墟中的呼唤

李逸萍

我们生活在一个和平的年代。没有战火与硝烟，没有战争带来的分离与痛苦，我是幸运的。但在过去的战争岁月中，多少人家破人亡，有太多的孩子还未历经世间的美好，就遭遇了一次又一次充满血腥和恐怖的浩劫！他们本该享受着父母充满爱意的笑脸和呵护，在蓝天下自由奔跑，呼吸着新鲜的空气，但年幼的他们却在炮弹的轰炸之中，住在已被战火烧燎的废墟，过着物资稀缺、与家人分散的生活，承受了太多这个年纪不该承受的痛苦。

安妮是一位生活在二战中的犹太少女。年仅十五岁的她，受尽了德国法西斯的迫害，生活在“秘密小屋”中，过着暗无天日的藏匿生活。在躲进秘密小屋之前，她的父亲是一位颇有名望的商人，母亲出身名门，地位显赫。安妮在亲朋好友的呵护下，无忧无虑地度过了美好的童年。但是战争，让她失去了家，失去了欢乐。在黑暗的集中营中，安妮还未来得及度过她美好的青春，就在战争的迫害下死去，她离开这个世界时还不满十六岁……

《安妮日记》这本书燃起了我的愤怒与悲哀，安妮只是千千万万受到战争迫害的孩子中的一名，是什么带给他们无尽的苦难？安妮在日记中控诉了德国人对犹太人的种种暴行，控诉了战争带给人们的痛苦。战争是可怕的回忆，战争是无尽的灾难，战争是持续的伤害。即使战争能摧毁一切，但它无法摧毁人的心灵。纵使在那样残酷的环境下，安妮依旧有一颗善良、正直的心，她的温暖依旧照耀着我们，她的精神永远不会泯灭……

在那战争年代拍摄的一张张泛黄的旧照片中，失去了父母的孩子在废墟中哭泣着，是那样撕心裂肺，惹人心疼。他们只是孩子啊，人类无止境的贪欲让他们失去了一切，是战争带给他们无尽的苦难。七十年前的战争年代中，广袤的华夏在战争的灾难中哭泣，一张张旧照片将孩子们对未来的憧憬，对死亡的恐惧还有对亲人的爱意，活生生地展现在我的面前。战争的岁月中，孩子们没有阳光，没有新鲜空气，没有自由，只有饥饿，只有病痛，只有痛苦。他们在废墟中呐喊着：停止战争吧，让我们拥抱和平！

愿世界如那受到战争折磨的孩子所愿，历经战火的洗礼迎来黎明的曙光，人们会真正懂得爱，人类之间的互相残杀不再继续，还孩子们一片奔跑的蓝天！

四、分享交流

学习任务

1. 小组交流《安妮日记》的学习成果。（当面或网上交流均可）

2. 各组推选出一名组长，将组员学习心得汇总归纳，制作成学习成果汇报 PPT。

3. 在班级举办《安妮日记》读书交流会，各组长在全班进行汇报交流。

（一）举办读书交流会

师生共学

认识读书交流会

读书交流会是指围绕某一本书或某篇文章谈阅读后的感想和启发。举办的形式多种多样。一般有下面几种：

一是自由式。参与人围绕主题自由发言，大家可以相互质疑、评议、修正、补充，这种交流方式让人比较放松、自由，活动氛围和谐、宽松，常会碰撞出意想不到的思想火花。但这种交流的弊端显而易见：不可预见性因素多，对主持人要求高，需要主持人有较强的组织引导能力，能很好地把握主题，及时纠偏；效率可能不高，交流常会出现漫无边际、偏离主题的情况；

发言面较小，可能集中在几个活跃者身上，不易调动所有参与人的积极性。自由式交流适合小群体(人数较少)的交流。

二是限定式。读书交流会的组织方提前确定好发言人，发言人根据主题写好发言稿，制作交流 PPT。这种交流方式由于发言人准备充分，组织方还可以提前了解、修改发言内容，规定发言时间，效率较高。但是这种方式参与面小，没有现场生成，气氛会显得沉闷。

三是半自由式。就是将以上两种方式结合，既有事先确定的发言人，也有现场自由发言人。这种方式综合了以上二者的优点，是实用性强、备受推崇的一种交流方式。

当然，还可以对以上方式进行灵活改造加以运用。举办读书交流会一般有哪些步骤?

首先，是推选主持人，做好筹备工作。读书交流会主持人要有较强的责任心、组织协调能力和现场调控能力。主持人做落实读书会召开前的各项准备工作：一是了解并督促发言人做好发言准备，包括是否写好发言稿，是否完成 PPT 制作。如果是代表小组发言，是否充分尊重组员意见，发言稿是否经过大家共同讨论和修改。二是确定发言顺序，写好主持稿。三是安排同学做好会场布置，包括书写标语、桌椅摆放、座位安排、提前拷贝好 PPT 等。

其次，主持人开场白。内容一般是介绍阅读情况、发言人情况、发言顺序、筹备情况、活动意义等。成功的开场白能点燃火花，创造良好的交流氛围。

接着，发言人上台汇报。发言要简明扼要，突出主题，条理清楚，控制好时间和节奏。

最后，点评与总结。点评可以在每次发言后进行，也可以在全部发言结束后进行。点评人可以是老师，也可以是学生，最好是由学生主评，在学生点评有偏差的情况下教师应及时引导、纠偏、补充。

(二)小组讨论交流

在开始小组谈论前，请做好以下准备：

1. 分组，讨论成员以 4 至 6 人为宜。

2. 各组员要做好充分准备。提前准备发言材料，尽量写出发言稿，至少要列出发言提纲，记下发言关键词，理出思路。

3. 做好组内分工，设主持人、记录员、发言代表各一人。

4. 制订讨论纪律规则，不讲与讨论主题无关的话，遵守规则，互相尊重，求同存异。

5. 建立课堂讨论评价制度。在学期末，小组对组员参与讨论的情况进行评议，得分由小组成员共同讨论确定，分数占期末总分的15%。具体评价内容参照表10。

表10 课堂讨论评价表

等级＼内容	发言(5分)	合作探究(5分)	情感态度(5分)
A. 优秀(5分)	踊跃发言，有个人见解	积极参与小组讨论，不说与主题无关的话，能发表自己的见解	认真倾听他人发言，积极投入
B. 良好(4分)	发言多，有明确的观点	能参与小组讨论，少说与主题无关的话，能发表自己的见解	较认真地倾听，有时会投入
C. 合格(3分)	发言不多，能表明观点	能参与小组讨论，少说与主题无关的话，不经常发表自己的见解	基本上会参与，偶尔会走神
D. 待改进(0～1分)	几乎或从不发言	几乎或从不参加小组讨论，不发表自己的见解	几乎或从不参与

随着信息技术的发展，小组讨论不仅仅是面对面的口头交流，还可以是跨越时空的网上交流，鼓励大家创建QQ群、微信群，使组员之间的沟通无障碍化，更好地发挥同伴互助学习优势。

(三)学生互评

学生互评技巧

评价他人在我们日常生活中天天发生，十分常见。《义务教育语文课程标准》(2011版)对学生自评和互相评价明确指出："应注意将教师的评价、学生的自我评价及学生之间的相互评价相结合，加强学生的自我评价和相互评价，促进学生主动学习，自我反思。评价要理解和尊重学生的自我评价与相互评价。要尊重学生的个体差异，有利于每个学生的健康发展。”良好的学生互评可以发挥他们的主观能动性，使学生主动参与课堂，主动发展，真正发挥学生在课堂的主体作用。下面谈谈学生互评的技巧。

1. 以尊重他人为前提。态度要真诚、谦虚。我们评价他人是为了帮助他人，促进他人发展。因此评价的出发点一定是尊重他人人格，不可使用侮辱性或攻击性的语言，要把握好说话的尺度。

2. 以鼓励性语言为主。爱听好话是人性的特点，实践证明，鼓励性的话语对人的促进作用更大。当然，这并不是鼓励大家都说好话、回避问题，有问题还是要提出来，但可以采用委婉的方式。

3. 合理选用评价方式。学生互评从表达的方式上可以分为口头评价和书面评价，从被评价对象的不同可分为发言评价、表现评价、作文评价、作业评价等，从时间上则分为及时评价和延时评价，从评价的场合可分为当众评价和私密评价。表扬、鼓励性的话可以当众口头表达出来，而批评性的评价则可以采用书面评价（书面表达可以斟酌修改，更为慎重）和私密评价的方式。学生课堂发言一般要进行及时评价，作文、作业则可以延时评价。互评时还要特别注意根据学生的性格特点灵活变通，比如，有的同学自尊心强，听不得批评，评价时尤其要注意多提优点，缺点以建议的方式提出。有的同学自以为是，给点阳光就灿烂，表扬多了反倒起不到促进的作用，对这样的同学说话则可以直白一些，问题一定要直接点出来。

4. 评价内容要具体。评价时尽量不说套话、空话，要联系具体的内容，从具体的方面入手，避免使用“很好”“不错”“太棒了”等标签式的语言。评价他人发言时，可以从内容是否具体、有价值，价值观正确与否，观点是否明确，论据是否充分，语言表达是否清晰流畅、有条理，PPT 制作情况，见解是否有独创性等方面进行评价。

5. 评价标准要因人而异。评价时还要将被评价者的能力和水平纳入考虑之中，不可使用大一统的标准，用一把尺子衡量人。评价标准力争使被评价者认可，真正发挥评价的激励作用。

同伴分享

1. 下面是你的同龄人所做的《安妮日记》读书交流会 PPT（节选），请参照上文《学生互评技巧》，给下面的 PPT 写一段 100 字左右的点评语。

《安妮日记》
——阅读交流
吴淑颖 孙士喆 陈劲 林卉

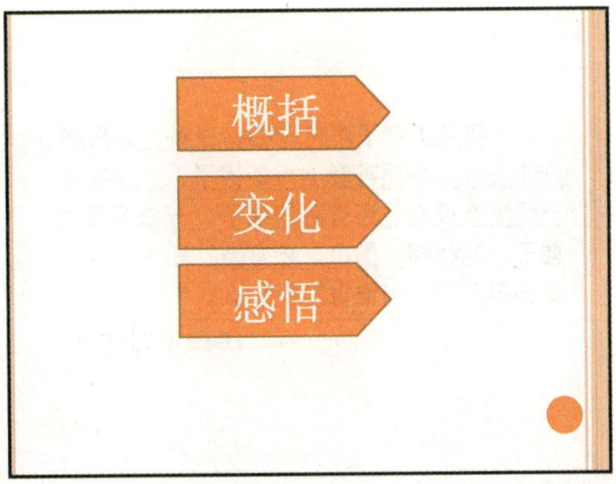
概括
变化
感悟

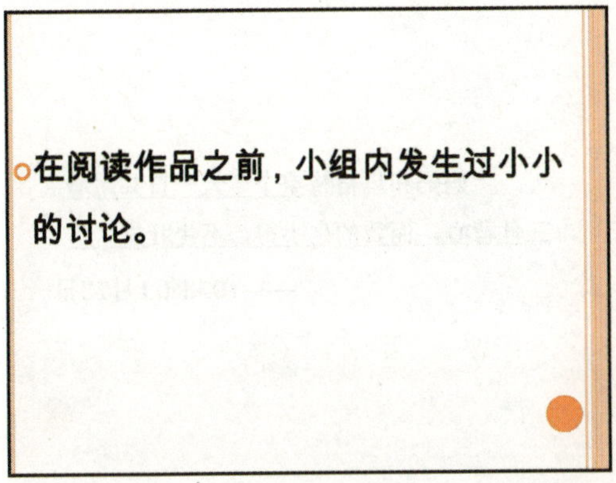
在阅读作品之前，小组内发生过小小的讨论。

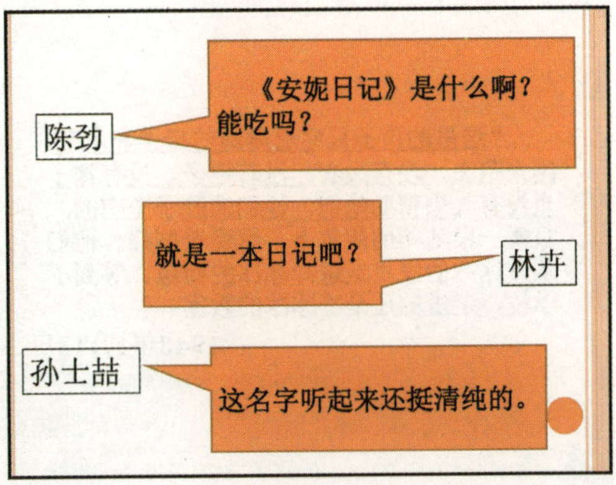
陈劲
《安妮日记》是什么啊？能吃吗？
就是一本日记吧？
林卉
孙士喆
这名字听起来还挺清纯的。

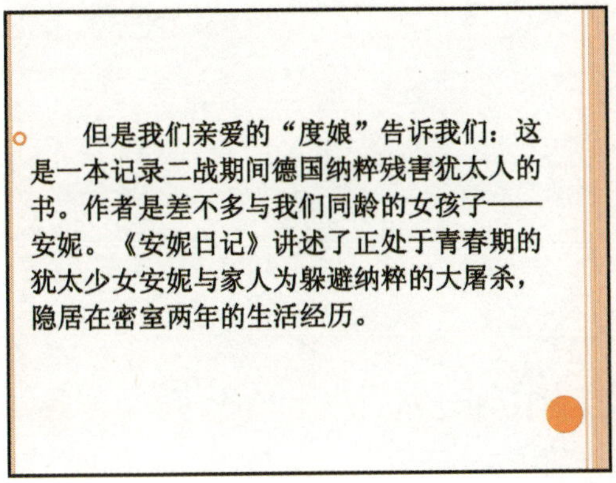
但是我们亲爱的“度娘”告诉我们：这是一本记录二战期间德国纳粹残害犹太人的书。作者是差不多与我们同龄的女孩子——安妮。《安妮日记》讲述了正处于青春期的犹太少女安妮与家人为躲避纳粹的大屠杀，隐居在密室两年的生活经历。

衣

“我身上穿了两件背心、三条扎口短裤、一件上衣，外面再套上一条裙子、一件夹克、一件夏季风衣，还有两双袜子、一双系带的鞋子、毛线帽、围巾，还有哩；还没动身我就快闷死了，但谁也没说什么。”

——1942年7月8日

“我们都爱化妆。他会绷上一件凡·达恩太太的小礼服，而我就穿上他的西服。他戴顶礼帽，我就戴上鸭舌帽。大人们总会在一旁开怀大笑，而我们也能自得其乐。爱丽从比恩考夫给玛格特和我捎来了两条新裙子。材料烂得很，就像麻袋布一样，却分别值24和7.5盾。这跟战前比起来变化多大呀！”

——1942年10月1日

“这里的孩子只穿着薄薄的褂子和木鞋跑来跑去，没有大衣，没有帽子，没有袜子，也没有人来帮助他们。他们的肚子空空的，只嚼一根陈年的胡萝卜，忍受着剧痛。他们从冷冰冰的家里走进冷冰冰的街道，等到了学校，走进的还是冷冰冰的教室。”

——1943年1月13日

“妈妈和玛格特整个冬天一直共用着三件背心，而我的也小得挡不住肚皮。”

——1943年1月13日

林卉：一开始衣服比较多，而且质量比较好。

陈劲：后来就变成破破烂烂的了。

孙士喆：可是密室外的孩子生活更苦。

食

“除了已有的150斤蔬菜之外，我们还买了270磅干豌豆和大豆。”

——1942年11月9日

“这个人对我们来说也是巨大的损失。姑娘们不能也不准为我们拖运那些土豆，所以唯一的办法就是尽量少吃。我会告诉你我们是怎么做的，那境况自然是谈不上好受的。妈妈说我们干脆去掉早餐，中午吃麦片粥和面包，晚饭炸土豆，每星期一两次可能吃点蔬菜或莴苣，再没别的了。我们就要挨饿了，但怎样都比被发现的好。”

——1944年 5月25日

“我们的土豆就要吃完了，从现在开始每个人都得数着吃，谁都知道自己的那一份还有多少。”

——1944年6月23日

吴淑颖：天天吃土豆！谁受得了啊！

孙士喆：后来连土豆都不够吃了。

陈劲：要是我早就受不了了。

精神

“战争带来的痛苦我还可以没完没了地讲下去，但要真那样的话我恐怕连自己也不想活了。我们能做的仅仅是静静地等待，等着悲惨的结束。犹太人和基督徒在等待，全世界在等待；还有许多人等待的是死亡。”

——1943年1月13日

“当然了，紧接着就会有人说我那样子多么粗鲁，然后两天没有人理我，再然后，一切又都被遗忘，我又和大家的待遇一样了。我根本无法像别人一样，今天还甜蜜蜜的，明天就满口毒药。我真想采取中庸的办法，收起自己的想法，然后试着哪怕一次鄙视他们，就像他们对我一样。噢，但愿我真的能！”

——1943年1月30日

“他们指望我道歉，但这是我无法道歉的事情，因为我讲的是真话，而妈妈迟早都是要晓得的。对于妈妈的眼泪和爸爸的表情，我也的确是不在乎，因为他们两个人都是第一次觉察到了我内心里的某种感受。我只能为妈妈感到难过，她现在总算知道我已经采取了她自己的态度。至于我自己，我保持沉默，一副事不关己的样子。我再也不会在真话面前退缩了，因为越是拖延，他们有一天听到真话时就越会难以接受。”

——1943年4月2日

“是的，安妮，你已经深刻地认识到你的信太粗暴了，也不真实。想想你竟然还曾经为它感到骄傲！我要以爸爸为榜样，我一定会进步的。”

—— 1944年5月7日

“我只祈求一件事，那就是这种对犹太人的仇恨将很快成为往事，祈求荷兰人展现出他们应有的品质，祈求他们毫不含糊地支持正义，也永远不要失去正义感。因为反犹主义是非正义的！”

—— 1944年5月22日

“我眼看着这个世界渐渐地蜕化成一片荒野，我听到永无止境的雷鸣般的谴责声，那也会将我们毁灭，我能感受到千万人正经历着的苦难，然而，假如我仰望苍穹，我相信一切还会变好的，相信这样的残酷终究会结束，相信和平和安宁一定会复返。”

——1944年7月15日

孙士喆：1942年的时候安妮还不太适应密室生活。

陈劲：而且有点悲观。

林卉：1943年的时候安妮有点“叛逆”。

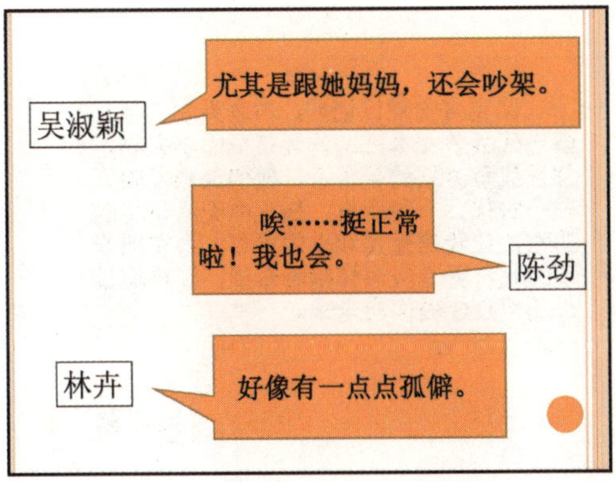
吴淑颖
尤其是跟她妈妈，还会吵架。
唉……挺正常啦！我也会。
陈劲
林卉
好像有一点点孤僻。

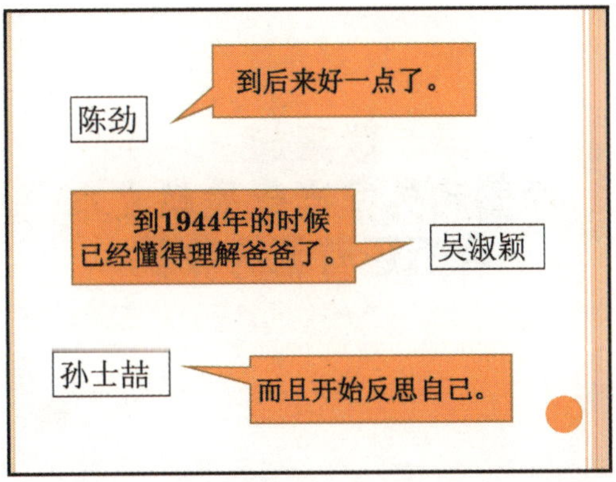
陈劲
到后来好一点了。
到1944年的时候已经懂得理解爸爸了。
吴淑颖
孙士喆
而且开始反思自己。

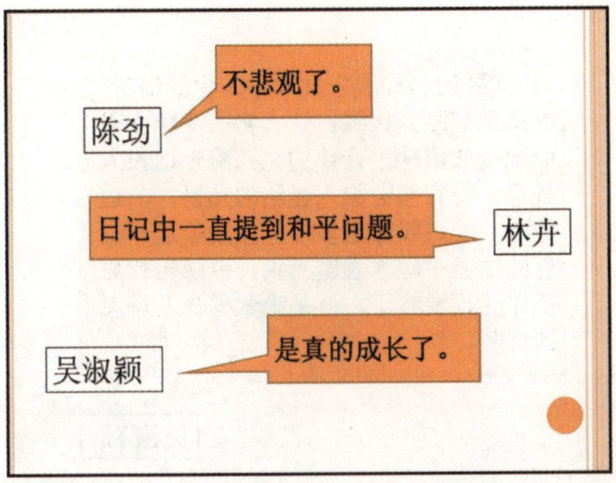
陈劲
不悲观了。
日记中一直提到和平问题。
林卉
吴淑颖
是真的成长了。

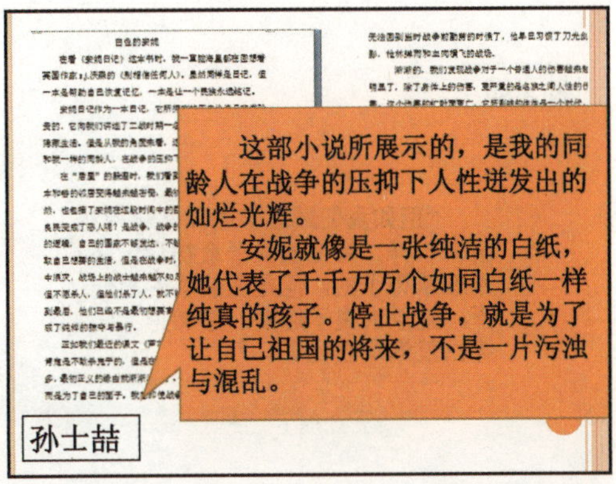
这部小说所展示的，是我的同龄人在战争的压抑下人性迸发出的灿烂光辉。
安妮就像是一张纯洁的白纸，她代表了千千万万个如同白纸一样纯真的孩子。停止战争，就是为了让自己祖国的将来，不是一片污浊与混乱。
孙士喆

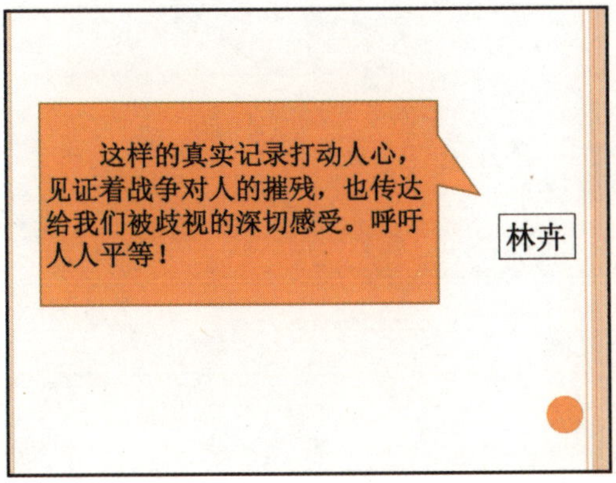
这样的真实记录打动人心，见证着战争对人的摧残，也传达给我们被歧视的深切感受。呼吁人人平等！
林卉

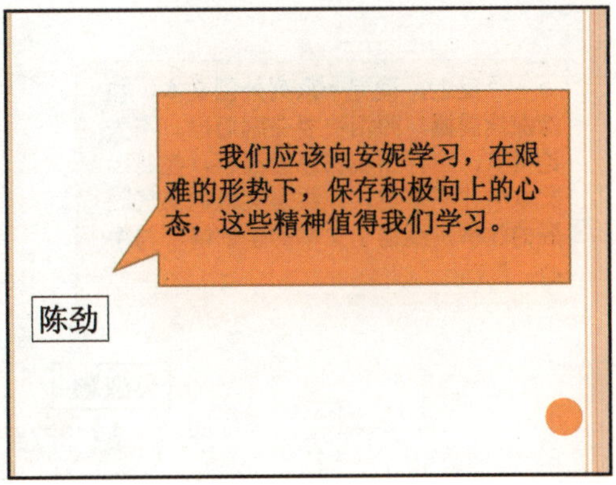
我们应该向安妮学习，在艰难的形势下，保存积极向上的心态，这些精神值得我们学习。
陈劲

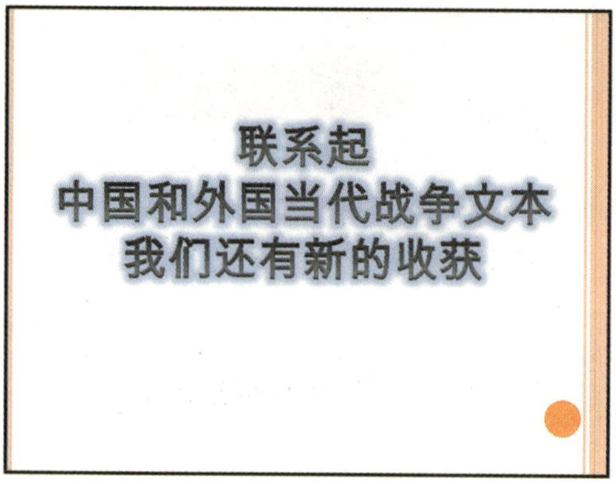
联系起
中国和外国当代战争文本
我们还有新的收获

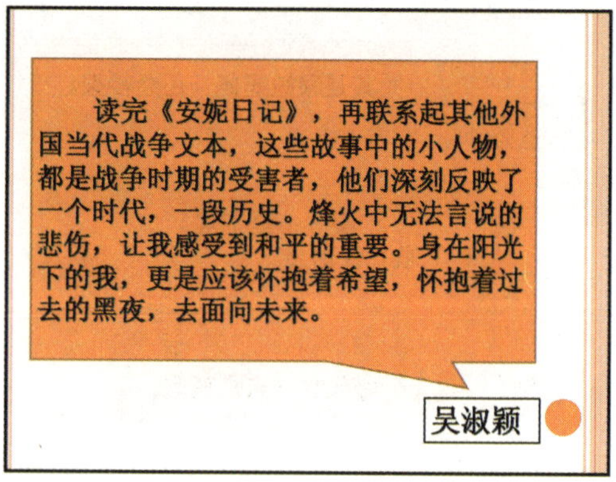
读完《安妮日记》，再联系起其他外国当代战争文本，这些故事中的小人物，都是战争时期的受害者，他们深刻反映了一个时代，一段历史。烽火中无法言说的悲伤，让我感受到和平的重要。身在阳光下的我，更是应该怀抱着希望，怀抱着过去的黑夜，去面向未来。
吴淑颖

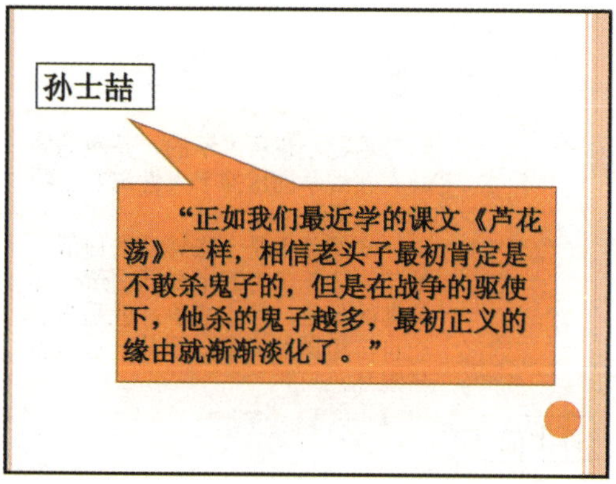
孙士喆
“正如我们最近学的课文《芦花荡》一样，相信老头子最初肯定是不敢杀鬼子的，但是在战争的驱使下，他杀的鬼子越多，最初正义的缘由就渐渐淡化了。”

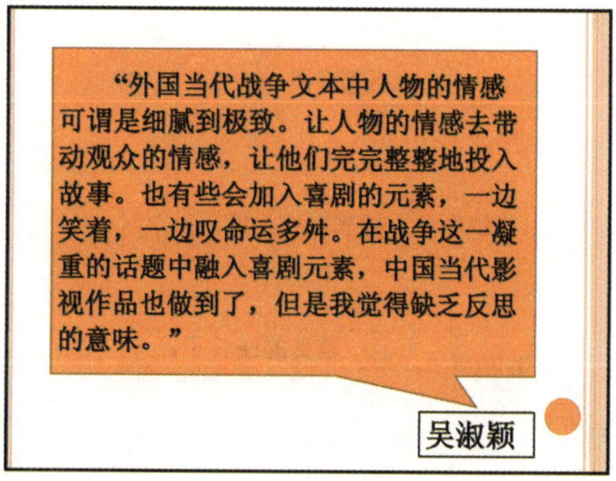
“外国当代战争文本中人物的情感可谓是细腻到极致。让人物的情感去带动观众的情感，让他们完完整整地投入故事。也有些会加入喜剧的元素，一边笑着，一边叹命运多舛。在战争这一凝重的话题中融入喜剧元素，中国当代影视作品也做到了，但是我觉得缺乏反思的意味。”
吴淑颖

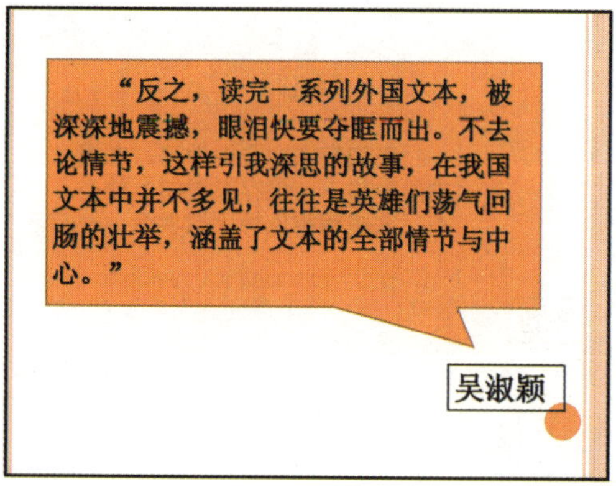
“反之，读完一系列外国文本，被深深地震撼，眼泪快要夺眶而出。不去论情节，这样引我深思的故事，在我国文本中并不多见，往往是英雄们荡气回肠的壮举，涵盖了文本的全部情节与中心。”
吴淑颖

2. 下面两个点评是从汇报的结构、内容、语言、组员参与情况等方面进行的。点评抓住了要害，重点突出，富有鼓励性。点评一主要从宏观上进行评价，点评二则从细部入手，关注到了该汇报的亮点，如 PPT 中组员发言的展现方式比较有创意，原文的规范引用，以及联系生活谈感受等。

学生点评一：

上述汇报分成三个部分，条理清楚，紧扣主题，层次清晰；展示的内容十分真实，再现了同学手写的阅读笔记；从衣服、食物、住宿、精神四个方面抓住了安妮的变化，能摘取出关键信息，小组成员能从中得出自己的感悟；每个人都参与了整个活动，组长的组织能力太强了。

学生点评二：

这个小组的汇报体现出以下四个可贵的优点：一是能够将阅读前和阅读后的感受进行对比；二是有较强的文本意识，引用原文比较规范，能够注明日记的时间；三是小组成员的发言用对话框的方式展现，十分生动活泼，太有创意了；四是小组成员讨论充分，发言积极，言语真诚，并且能够结合自己的生活谈感受。比如当谈到吃土豆这一细节时，大家都联系到自己的身上。将自己带入文本中，为各位同学解读文本提供了很好的借鉴。

师生共学

下面是对《安妮日记》读书交流会的总结，读一读，从中你也许可以得到一些启发。

本次《安妮日记》读书交流会呈现出几个突出优点：

1. 原著读得很细致。与以往的阅读相比，这次读书大家读得很细致，除了把握情节和内容外，还能抓住细节体味人物的变化，从而把握战争带来的变化这一目标。比如，各组基本上都能从文本中找出有关衣、食、住、精神状况等方面的内容，细细品味安妮生活的巨大变化，从中把握战争残酷性这一主题。

2. 读出了个人体会。同学们真正做到走进书中，又从书中走出来，能结合自己的生活，融入个人的感受，设身处地体会安妮的感受。比如陈劲同学看到安妮和妈妈吵架，就联系到自己和妈妈类似的问题。

3. 有较强的文献意识。所有小组都会引用其他文章来证明观点，不少小组还会注明出处，标注详细页码。这表明同学们具备了一定的文献意识。

4. 会使用对比法。所有小组的同学都能使用对比法，比较安妮前后的变化，有些小组还展现了自己在阅读前、中、后的变化。比如吴淑颖小组在阅读前就讨论了这本书的内容，大胆猜测书的内容，让人捧腹不已。在每阅读一本书前对书的内容进行猜测，这是阅读中的宝贵经历，非常有意思，阅读的快乐常常来源于书的内容和预想的差异。

5. 小组合作意识强。各组有团队意识，不落下任何一个人，还很善于鼓励后进的同学。比如林雪婧小组，不断鼓励周鹏琪同学，最后他也在姐姐的帮助下在网上讨论组发言了。同学们还充分使用讨论组的功能，为他人创造充分发表见解的平台，让人赞赏。

五、精彩选读

1. 以下四则日记撷取自安妮在密室中生活的不同阶段，请概括日记中所叙述的事件，提炼出作者所阐述的观点以及表达的感情，谈谈你对该事件的见解，可以以表格的形式呈现。

表 11　日记内容梳理

时间	叙述的事件	阐述的观点	表达的感情	你的见解
1942 年 10 月 9 日				
1943 年 12 月 24 日				
1944 年 4 月 5 日				
1944 年 6 月 13 日				

2. 填写并观察表 11，记录你从中发现的问题。

3. 同学们就战争利弊展开了讨论。有同学认为战争使安妮成长了，因此战争是有利的。你赞同这个观点吗？请提出你的观点，并至少说出两条理由。

1942年10月9日　星期五

亲爱的姬蒂：

今天只有不幸的消息。我们的犹太朋友和熟人被一批一批地抓走了。盖世太保毫不留情地把他们装进运牲口的车厢里，送到犹太人集中营。据密普说，那里很可怕，人们几乎没有东西吃。每天只供水一小时，好几千人只有一个厕所和一个洗手盆。男女都睡在一起，妇女、儿童常被剃成光头，逃走几乎是不可能的。且不用说他们头上的标记，有些人从外表上也看得出是犹太人。

在荷兰形势已经这么恐怖，那么，在集中营又会怎么样呢？我们认为大多数人都被杀害了。英国电台报道说，他们是被毒气毒死的，那也许还是最快的死法。

密普讲的这些事真令人心惊肉跳，她自己也非常激动。就在前不久，有一个犹太老婆婆坐在她家门口，盖世太保找车去了。可怜的老婆婆非常害怕那些刺眼的探照灯和高射炮声，但密普不敢让她进屋。德国人的惩罚是很严厉的。

贝普默默无言，她的男朋友被送到德国服役去了。每当飞机从屋顶飞过，她就担心飞机上百万千克的炸药会落在男友的头上。“他是得不到一百万的”和“一颗炸弹就够啦”之类的笑话，是不该在这时说的。每天都有一火车一火车的男人被运往前线服役。有些人趁火车停站时逃跑，但只是极少数的人成功。

你听说过“人质”吗？这是盖世太保对付破坏活动的新招。他们把有声望的无辜市民抓起来，当发生破坏活动又找不到作案者时，他们就心安理得地枪毙五名人质，并登报声称，这些人死于“致命事故”。德国人真是“优秀的”民族，而我本来还是他们当中的一员呢！不对，我才不是！希特勒早就宣布我们是无国籍者了。世界上再没有比德国人和犹太人之间的仇恨更大的了。

安妮

1943年12月24日　星期五

亲爱的姬蒂：

我已给你提过多次，在这儿我们大家的情绪都变化无常，尤其是我。

每当有人从外面回来，衣服上还带着寒风，脸蛋冻得通红，我就想把头埋进被子里，免得去想“什么时候我们才能到外面呼吸新鲜空气”。可是我不能把头埋起来，相反，我要把头抬得高高的，装成很勇敢的样子。但是那个念头又会回来，而且不止一次，而是无数次。

请相信我，如果像这样与世隔绝一年半，无论是谁都会受不了的，不管这是否有理，是否不知感恩。你对自己的感受不能置之不理。我渴望骑自行车、跳舞、吹口哨、看世界，感受年轻，感受自由自在，可是我不能流露出自己的想法。你想想看，如果我们八个人都可怜自己，脸上整天流露出不满，那会是什么结果？有时候我问自己：“会不会有人忽略我的犹太人身份，只把我当成一个非常需要普通乐趣的女孩？”我不知道有没有这样的人，我也不能对任何人说，因为我知道我一定会哭。痛痛快快地哭一场可以带来暂时的解脱。

虽然我知道许多大道理，也做了种种努力，但是我仍然每时每刻都觉得缺少一个了解我的母亲。因此，我发誓，将来等我有了孩子的时候，我要做一个我心目中的理想母亲。

安妮

1944 年 4 月 5 日　星期三

我要不断向前，因为我无法想象自己过着妈妈、范丹太太和许多女人的那种生活，整天忙碌，然后被世人遗忘。除了自己的丈夫和孩子以外，我还要有自己能为之献身的目标！我希望活下去，在我死后也继续活着。因此我要感谢上帝给了我这个天赋，这个写作和发展的能力，我要利用它表达内心的一切！

写作的时候，我可以摆脱世俗的一切。我的哀伤会消失，我的勇气会剧增。有一天我能不能写出一部伟大的作品来？我会不会成为记者或作家呢？我希望会，我真的希望会，因为写作能使我记下一切，我的所有思想、理想和狂想！

安妮

1944 年 6 月 13 日　星期二

令我百思不得其解的问题有很多，我在这儿挑其中最明显的一个来谈谈。为什么世界各国女性的地位都是那么低？甚至在我们生活水平已经很发达的今天，这种情况仍然没有很大的改变。女人的地位比男人低得多，人人都会说这不公平。但我认为，仅仅嘴上说，远远不够。我很想弄清这巨大不公的原因。

有人认为，男人身强力壮，打从一开始就主宰着女人。男人是家中的经济支柱，他们工作、挣钱养家……总之，男人包揽了一切。相对的，女人很蠢、很弱。这一思维根深蒂固，一时间要扭转过来，真是难于上青天。幸亏学校、教育使女人们的眼睛睁开了。在许多国家，女性已经获得相对平等的权利。越来越多的人认识到，原先那种模式是错误的，女性应该完全独立，不少男人也慢慢接受了这个观点。

但仅仅这样还是不够，女性必须获得尊重！男人处处得到尊重，为什么女人就不能？战争英雄受到普遍的尊重和颂扬，探险家获得不朽的声誉，殉道者更是受到后人的顶礼膜拜。可是有谁留意到女性的功绩？她们也是战士，毫不逊色于浴血奋战的将士！

在《生活的战士》这本书中，有一点激起了我的强烈共鸣：总的来看，女人在生孩子这件事上所受的痛、病、苦就比任何战士多。忍受了所有这些苦痛，她得到了什么？身材变形，遭到丈夫的冷落；美貌退色，红颜不再；孩子不久就不再属于她。尽管如此，她们还是为人类的延续尽心尽责。因此，女人是更英勇的战士，她们比许许多多空谈自由、民主的战士进行的斗争更多！

我并不是说女人应该反对生孩子。相反，既然大自然这么安排，那就应该顺从。我谴责的是一些男人，他们从来不愿承认女人在社会中的角色是多么伟大和艰辛。这本书的作者保罗·德·克鲁伊夫说得很对：男人必须了解，在文明之邦，人们不应该对生孩子这种事熟视无睹。男人说起来总是轻松的，因为他们不必忍受其中的种种艰难愁苦。

我相信，生孩子是女人的义务，这一观念在下个世纪肯定会改变。女人会受到尊重和赞赏，她们默默地挑起重担，毫无怨言，不说大话！

安妮

六、纪念安妮

安妮·弗兰克离我们远去了，但是她依然活着，她的声音震撼世界。2015 年是安妮逝世 70 周年，班级将开展纪念安妮相关活动，请你来参与。

学习任务

(一)完成纪念安妮活动策划书

参照表 12，设计一份纪念安妮逝世 70 周年的活动策划书。

同伴分享

以下策划书活动内容比较丰富，与同学的阅读活动结合紧密，可操作性强。活动时间安排在一个月内，活动周期、松紧度比较合适。策划书还充分考虑了初中生的年龄特点和兴趣爱好，体现出充分挖掘每个学生的特长和潜能、人人参与的理念。

表 12　纪念安妮逝世 70 周年活动策划书

活动名称	永不凋谢的花朵——纪念安妮·弗兰克
活动背景	2015 年是中国抗日战争暨世界反法西斯战争胜利 70 周年，也是安妮逝世 70 周年。举办纪念安妮逝世 70 周年活动是纪念世界反法西斯战争胜利活动的一个组成部分，是同学们缅怀安妮、捍卫和平、沉淀战争专题学习成果的有效方式。
活动目的及意义	纪念犹太女孩安妮·弗兰克，能深刻体会到这位饱受战争折磨的犹太小女孩渴望和平的心声，学习安妮热爱生命、热爱生活、怀抱希望和梦想的品质，感受文学作品的魅力，认识和平的可贵和建设和平的使命感。
活动内容	“安妮的故事”演讲比赛；《安妮日记》场景再现绘画比赛，演讲比赛与戏剧表演海报绘制；《安妮日记》戏剧表演。

续表

活动具体安排	项目名称	时间安排	参与人	负责人
	“安妮的故事”演讲比赛	11月第一周	全班同学	语文科代表 各组组长
	绘画比赛 1. 选择《安妮日记》中的一个场景描绘 2. 绘制“安妮的故事”演讲比赛海报 3. 绘制戏剧表演海报	11月第二周	全班同学	美术科代表
	戏剧表演	11月第四周	全班同学	语文科代表
注意事项	1. 各负责人要提前做好各项活动方案，做好活动组织工作。 2. 要求作品为原创。 3. 要全员参与，尤其是戏剧表演，应做好分工。			

（林灵、吴淑颖）

(二)撰写墓志铭

师生共学

1. 什么是墓志铭

墓志铭是一种悼念性的文体，常刻在石头(石碑)上，埋于逝者坟前。它一般由志和铭两部分组成。志多用散文撰写，记述逝者的姓名、籍贯、生平事略；铭则用韵文，概括全篇，评价逝者的一生，赞扬功业成就，表示悼念、敬意。

墓志铭也可以只有志或只有铭。一般由别人撰写，也有自己生前撰写的。篇幅不可太长，语言要简洁，概括性要强。

2. 名人墓志铭示例①

(1)美国作家马克·吐温的墓志铭：“他观察着世态的变化，但讲述的却

① 墓志铭(1)、(2)、(3)均出自《耐人寻味的名人墓志铭》. 北京晨报，2011-04-04.

是人间的真理。”

（2）俄国著名诗人普希金生前为自己撰写了墓志铭：“这儿安葬着普希金和他年轻的缪斯，爱情和懒惰，共同消磨了愉快的一生；他没有做过什么善事，可在心灵上，却实实在在是个好人。”

（3）安葬法国思想家伏尔泰心脏的大理石墓的墓碑上刻着：“他的心存放在此，他的思想遍布世界。”

（4）一生用爱心写作的冰心，其墓碑上镌刻的是她自己的话：“有了爱，便有了一切。”

（5）1948年9月，冯玉祥将军在回国途中不幸遇难，毛泽东亲自为他选择墓地。在墓壁上镌刻着冯玉祥的自撰诗《我》：“我，冯玉祥，平民生，平民活，不讲美，不讲阔，只求为民，只求为国，奋斗不懈，守诚守拙，此志不移，誓死抗倭，尽心尽力，我写我说，咬紧牙关，我便是我，努力努力，一点不错。”①

（6）著名教育家、书画家、国学大师启功先生，在1978年66岁时自撰墓志铭，以幽默的口吻记述一生：“中学生，副教授。博不精，专不透。名虽扬，实不够。高不成，低不就。瘫趋左，派曾右。面微圆，皮欠厚。妻已亡，并无后。丧犹新，病照旧。六十六，非不寿。八宝山，渐相凑。计平生，谥曰陋。身与名，一齐臭。”②

（7）韩愈为英年早逝的友人柳宗元作《柳子厚墓志铭》，其中一段如下：“子厚少精敏，无不通达。逮其父时，虽少年，已自成人，能取进士第，崭然见头角，众谓柳氏有子矣。其后以博学宏词，授集贤殿正字。俊杰廉悍，议论证据今古，出入经史百子，踔厉风发，率常屈其座人。名声大振，一时皆慕与之交。诸公要人，争欲令出我门下，交口荐誉之。”③

学习任务

请给安妮撰写墓志铭，可以概述她的生平经历，赞颂其贡献，表达对她的敬意。可以根据需要选用合适的人称。

①② 张峰．名人的自我介绍．读写天地，2012，(9).

③ 赵素静．《柳子厚墓志铭》(节选)赏读．快乐阅读，2011，(19).

同伴分享

以下墓志铭表达了对安妮的崇高敬意。他们的表达方式不同，但对安妮的祝福、对和平的呼唤是一致的。

她，怀抱着希望和梦想："我希望我死后仍然继续存在！""梦想皆有神助"——如今，安妮的梦想已经实现，她获得的是永生。在所有爱她的、钦佩她的、怀念她的、以她为典范的人眼中，她是一朵永不凋谢的花。

（林　灵）

硝烟下的日记，她提笔挥写，满载着希望和憧憬，和尘埃一同落定。天真的话语，让邪恶羞愧；无邪的表白，让人们深思。放轻脚步，这里沉睡着小安妮。

（张伟鹏）

一颗纯洁的心，写下罪恶的历史。

（李锦龙）

一束圣洁的梅花迎着寒风傲骨伫立；
万般和平的大爱向着未来坚定不移；
她把最后一滴眼泪，献给了世界的繁花似锦；
她用最后的生命之火，把百合重塑在春风化雨里。

（王南燕）

第四课段 再看战争

合上《安妮日记》，安妮似乎远去了，但是战争并没有离去，它给我们留下许多思考：战争要不要讲规则？战场上除了搏杀，更重要的东西是什么？对于战争，我们该忘记什么，什么又不该忘记？“有仇必报”“恶有恶报”一定正确吗？我们为什么举行阅兵仪式？和平需要建设吗？……这些问题的答案是什么？这里将提供一系列与上述问题有关的文章，请阅读、思考，并将它们与之前阅读过的文本、观看过的电影比较，在阅读、表达中质疑、颠覆、升华，重新构建对战争的认识。

这一课段要阅读三类材料。一是基础阅读材料，要精读深思，主要有习近平《在纪念中国人民抗日战争暨世界反法西斯战争胜利 70 周年大会上的讲话》。二是拓展阅读材料，必读有刘晓东的《信任的境界》、一哲的《两个受害之城的比较》、吴涵碧的《孟子说故事》、许行的《天职》、吴若权《给敌人一块面包》。选读材料有李康安的《我只是遵守战争规则》、拉贝和毕奇的《写给孩子的哲学启蒙书》第 2 卷第 2 篇《战争与和平》。三是挑战阅读材料，有王开岭的《决不向一个提着裤子的人开枪》和《打捞悲剧中的“个”》，可根据阅读能力自行选择阅读层级。

阅读每篇材料都要完成一定的学习任务，或用一句话概括情节，或撰写阅读思考。建议将自己的阅读思考结果传至网络，和同伴进行分享探讨。

本课段使用的主要学习方法是比较阅读法，有的要求比较本课段内文章的异同点，有的需要将本课段内的文章和之前所阅读过的文章进行比较，还有的需要将自己阅读前后的思想变化进行比较。前面所学到的质疑读书法、批注法同样适用。

建议用时 6 课时。

师生共学

阅读《比较阅读法》，了解什么是比较阅读法，以及如何使用这种方法，完成自主阅读任务单。

表 13　自主阅读任务单

比较的内容 （可以从哪些方面进行比较？）	1.
	2.
	3.
	4.
	5.
比较的意义	1.
	2.
	3.

比较阅读法[①]

林运卓

比较，是人们认识、鉴别事物的一种有效方法。有比较才能鉴别。中学生在阅读中，如经常采用比较法，有利于调动阅读的积极性和主动性，更加深刻地理解读物的内容，提高阅读效果。

比较阅读法并非现代人发明的一种方法，而是古代一向就有的传统的读书方法。刘勰的《文心雕龙》，是我国古代一部文学理论名著，作者正是从许多作家作品的比较中，总结出一系列创作理论的。例如在《体性》一章中，刘勰就列举了十二位作家的不同风格：贾谊清新、司马相如夸张、扬雄含蓄、刘向明晰、班固绵密、张衡周详、王粲明快、刘桢激昂、阮籍高雅、嵇康壮烈、潘岳泼辣、陆机庄重。这种评价，就是通过对不同作家的作品的分析、

① 林运卓．比较阅读法．见：林运卓编著．书海泛舟——中学生图书馆技能与自学方法．广州：新世纪出版社，1996.

对比得出来的。刘勰这种方法值得学习。

在阅读时，一定要学会这种对比的方法。例如观日出，许多作家都写过，可以把有关文章找来阅读。像巴金的《海上的日出》，刘白羽的《日出》，姚鼐的《登泰山记》等，把这些作品放在一起进行比较，就可以看出，同样是观日出，但各人写法都不同，观察的角度、观察的粗细、立意和风格等等，都不一样。这样多看多比较，就可以从中悟出一些道理来，有利于启迪思维。

现行中学语文课本中，有不少文章在选作教材时，作者和编者又作了精心的删改。有的文章还能找到作者的原稿。因此，我们也可以用比较法来阅读。首先，要求自己品味课文，尽量品出一点味来。再仔细读原文，并对照课文，找出作者和编者在哪些方面作了修改。对修改处反复比较、分析、思考。为什么要这样改？是不是每一处都修改得很好？为什么？例如，我们在读《从百草园到三味书屋》时，鲁迅先生原稿中有这样一段："我很想详细地知道这故事，但阿长是不知道的，因为她不渊博。"修改时在"不渊博"前加"毕竟"两字。有的同学经过认真比较、思考，体会到改得好：在"我"的童年时代，阿长给"我"讲过许多故事，她可算得渊博了；但是，她却不知道"这故事"（关于"怪哉"虫的传说）是怎么回事，所以她"毕竟不渊博"，既肯定了她有知识，又指出她还不怎么渊博，用"毕竟"来修饰"不渊博"，语气委婉，在否定中仍有肯定的意思。

当然，不限于语文教材，别的书籍、别的文章也可以用比较法来阅读。例如数理化，同样一道题，会有不同的解法，这就要注意进行"思路对比阅读"，经过比较、分析、评价、选择，确认哪些思路是错误的、烦琐的，哪些思路是正确的、合理的，并进一步比较分析出哪一条思路最简便、清晰、更为有启发。通过这样的比较来获得别人思路中的合理成分，锻炼自己的思维，避免呆板和烦琐的思维，求得更新自己的思考途径，提高学习效率。

比较阅读时应注意做好读书笔记，将对照内容、不同的论点论据、写作特色、感想等记录下来。这样，既有助于理解、记忆和知识的积累，也有助于日后查阅。比较阅读法是一种研究性阅读，目前在学术研究中已经得到广泛的使用，而且已经显示了它独特的功能 。"操千曲而后晓声，观千剑而后识器"，这是刘勰在《文心雕龙》"知音"中说的一段话。他说得一点也不错。如果同学们长期坚持在比较中阅读，同中求异，异中求同，必能提高自己的阅读能力、欣赏能力、思维能力，为今后的发明创造打下基础。

一、战场上，需要规则吗

西蒙诺夫的《蜡烛》歌颂了一位用生命埋葬苏联士兵的南斯拉夫母亲，刘晓东的《信任的境界》则塑造了一位善良、勇敢的德国女人，她们用行动告诉我们战场上除了搏杀，还有更重要的东西。阅读《信任的境界》《孟子说故事》《决不向一个提着裤子的人开枪》《我只是遵守战争规则》《天职》等，谈谈战争是否需要规则，如果需要，规则是什么。请在阅读中完成相应的学习任务。

学习任务

1. 阅读《信任的境界》(必读)，练习简要地概括故事。

2. 阅读《孟子说故事》，根据自己的阅读能力至少选读《我只是遵守战争规则》《决不向一个提着裤子的人开枪》中的一篇。

3. 使用比较阅读法，归纳前四篇文章的共同点；比较这些文章和你之前所阅读过的文章或观看过的战争影视作品所阐发的主题有何不同，然后思考战争是否需要规则，并撰写学习思考。

4. 阅读《天职》(必读)，根据提示进行批注，并思考与天职相关的问题。

(一)必读

请用一句话概括文章所讲述的故事。

信任的境界[①]

刘晓东

只是因为信任别人，所以才拯救了自己。生与死的哲理，往往就这么简单。1944 年的圣诞夜，两个迷了路的美国大兵拖着一个受了伤的兄弟在风雪中敲响了位于德国西南边境亚尔丁森林中的一栋小木屋的门。木屋的主人，一个善良的德国女人，轻轻地打开了门。接着，女主人开始有条不紊地准备圣诞晚餐，没有丝毫的慌乱与不安，没有丝毫的警惕与敌意。在她的身后，

① 刘晓东．信任的境界．中学生读写，2004，(1)．

美国大兵们则静静地坐在炉火边烤火，除了燃烧的木架偶尔发出一两声脆响外，静得几乎可以听到雪花落地的声音。

女主人忙着布置餐桌的时候，门又一次敲响了。站在满心欢喜的女主人面前的，不是送来礼物祝福的圣诞老人，而是四个同样疲惫不堪的德国士兵。女主人用西方人特有的方式告诉她的同胞，这里有几个特殊的客人。今夜，在这栋弥漫着圣诞气息的小木屋里，要么发生一场屠杀，要么大家一起享用一顿可口的晚餐。

在女主人的授意下，德国士兵们垂下枪口，鱼贯进入小木屋，然后顺从地把枪放到墙角。于是，1944 年的圣诞烛光见证了或许是二战史上最为奇特的一幕：一名年轻的德国士兵慢慢地蹲下身去，为一名年轻的美国士兵检查腿上的伤口，然后向自己的上司说着什么。人性中善良和温情的一面决定了他们的感觉是奇妙而美好的，没有人担心对方会以迅雷不及掩耳之势把自己变成邀功请赏的俘虏。第二天，睡梦中醒来的士兵们在同一张地图上寻找着回到自己阵地的最佳路线，然后握手告别，沿着相反的方向，消失在白茫茫的林海雪原。

把生命无条件地托给曾把自己的血肉之躯当作靶子的对方，就不但共同远离了死亡，而且成为特殊的朋友，这就是信任的伟大力量。

同伴分享

以下表述按照“时间＋人物＋地点＋事件＋结果”的格式进行概括，显得简明扼要。

1944 年，四个德国士兵和三个美国士兵在一个德国女人家里共同度过了圣诞夜，他们相安无事，第二天握手告别走向相反的方向。

(二)选读

要不要向一个提着裤子的人开枪？你是怎样看待这个问题的？请结合本文，联系之前所阅读过的有关战争的文章，谈谈你的见解。

决不向一个提着裤子的人开枪①

王开岭

1936 年，英国作家奥威尔与新婚妻子一道，志愿赴西班牙参加反法西斯战斗，后来被子弹射穿了喉咙。在《西班牙战争回顾》中，他讲述了一件事——

一天清晨，他到前沿阵地打狙击，好不容易准星里才闯进一个目标：一个光膀子、提着裤子的敌兵，正在不远处小解……真乃天赐良机，且十拿九稳。但奥威尔犹豫了，他的手指始终凝固在扳机上，直到那个冒失鬼走远……他的理由是："一个提着裤子的人已不能算法西斯分子，他显然是个和你一样的人，你不想开枪打死他。"

一个人，当他提着裤子时，其杀人的职业色彩已完全褪去了。他从军事符号——一枚供射击的靶子，还原成了普普通通的血肉之躯，一具生理的人，一个正在生活中的人。

多么幸运的家伙！他被敌人救了，还蒙在鼓里。因为他碰上了"人"，一个真正的人，而不仅仅是一个军人，一个只知服从命令的杀手。那一刻，奥威尔执行的是自己的命令——"人"的命令。

杀手和杀手是有别的。换了另一个狙击手，他的裤子肯定就永远提不上了。而换了奥威尔在他的位置上，他肯定会毫不迟疑地搂动扳机，发出一丝"见鬼去吧"的冷笑。然而，这正是"人"与士兵的区别，希望也就在这里。

与其称之"奥威尔式"的做法，毋宁说这是真正的"人"之行为。任何时候，作为"人"的奥威尔都不会改变态度：即使正是该士兵，不久后将用瞄准来回报自己，即使他就是射穿自己咽喉的那个凶手，即使早料到会如此，奥威尔也不会改变，更不会后悔。

所有的战争，最直接的方式与后果皆为杀人。每个踏上战场的士兵都匹配着清醒的杀人意识，他是这样被授予的：既是射击者，又是供射击的靶子……而"英雄"与否，亦即杀人成绩的大小。在军事观察员眼里，奥威尔式的"犹豫"，无疑乃一次不轨、一起严重的渎职，按战争逻辑，它是违规的、

① 王开岭．决不向一个提着裤子的人开枪．见：王开岭．精神明亮的人：王开岭散文随笔自选集．太原：书海出版社，2009：178.

非法的，要遭惩处。但于人性和心灵而言，那“犹豫”却如此伟大和珍贵！作为一桩精神事件，它应该被记入史册。

这样说一点不过分。

假如有一天人类真的不再遭遇战争和杀戮，你会发现，那值得感激的——最早制止它的力量，即源于这样一组细节和情景：比如，决不向一个提着裤子的人开枪！

这是和平之于战争的一次挑战，也是“人”对军人的挑战。

它在捍卫武器纯洁性的同时，更维护了人道的尊严和力量。

斗争、杀戮、牺牲、死难、血债、复仇……

如果只有仇恨而没有道义，只有决绝而没有犹豫，你能说今天的受害者明天不会变成施虐者？英勇的战士不会变成残暴的凶手？

你隐约想起了一些很少被怀疑的话：“对敌人的仁慈就是对同志的凶狠”“对敌人要像秋风扫落叶般严酷无情”“军人以绝对服从命令为天职”……你感到一股冷。

一股政治特有的冷。匕首的冷。工具的冷。地狱的冷。

而不合时宜的奥威尔，却提供了一种温暖，像冬天里的童话。

（2002 年）

(三)必读

你认同庾公之斯的做法吗？说说你的看法。要求摆明观点，然后围绕观点阐述理由。

孟子说故事①

吴涵碧

在中国历史上的春秋时代，黄河流域与长江流域一带分立着许多小国，常常发生战争。

有一次，郑国准备侵略卫国，郑国便派大夫子濯孺子领兵去攻打卫国。

不久，郑国的军队吃了败仗，子濯孺子匆匆忙忙带着郑国军队向后撤

---

① 吴涵碧．孟子说故事．见：吴涵碧．吴姐姐讲历史故事．北京：新世界出版社，2011：37—38.

退，卫国的大军在后面追赶，情势相当危急。

更不幸的是，子濯孺子偏巧在这时生了病，眼看着卫军就要追上郑军了，子濯孺子一个人坐在车子里，忧虑万分地自言自语："唉，真是不幸，我手脚发软，连箭都拿不动，这一回是死定了。"

从车中望见卫国的追兵愈来愈近，子濯孺子哀伤地问马车夫："你可看得见是谁在追我们吗?"

"是卫国的大夫庾公之斯。"

子濯孺子一听之下，立刻转忧为喜道："我们得救了。"

马车夫以为他神志不清了，转回头说："庾公之斯乃是卫国著名的弓箭手，本领高超，万无一失，你难道没听说过吗?"

子濯孺子有把握地说："庾公之斯的射箭本领是向尹公之他学的，尹公之他的本领又是向我学的。尹公之他是个很正直的人，他的朋友必然也是一个很正直的人，一定不会忘记他的射箭本领是传授自我的，怎会乘我之危来害我呢?"

一会儿，庾公之斯果然追到了郑军，看见子濯孺子坐在车里，便恭敬地问："老师为什么不拿出弓箭来?"

子濯孺子回答："我今天病了，拿不起箭，也射不动箭。"

庾公之斯很礼貌地说："我的射箭本领是向尹公之他学的，尹公之他的射箭本领是向老师您学的，我怎么忍心用您老传授的技艺来害您。但是，我今天奉了国君之命前来追赶您，我又不能违背国君的命令。"

于是，庾公之斯把剑扣在弦上，却把箭头给取了下来，向子濯孺子射了四箭，然后，便领兵回去了。

因为庾公之斯的箭没有箭头，子濯孺子没有受伤，平平安安回到了郑国。

(四)选读

1. 从文中摘抄出五个成语。

2. 你认为宋襄公做得对不对？战争需要规则吗？如果需要，战争的规则是什么？请结合本文，联系我们所学过的文章至少列出一条战争的规则。

我只是遵守战争规则[①]

李康安

在小学语文课本中，“揠苗助长”“守株待兔”等寓言故事令我们捧腹大笑，但细心的人会发现：这些讽刺性寓言都是用来嘲笑春秋时期宋国的。这是为什么呢？其实都是拜当时的君主宋襄公所赐，他被后世嘲笑了2000多年，就连毛泽东都骂他是“蠢猪式的仁义”。宋襄公成为被嘲弄的君主后，连带他治下的国家跟着被嘲笑。然而，宋襄公真的有那么愚蠢吗？这还得从公元前638年那场规模不大的泓水之战说起。

敌人还没有准备好

风萧萧，泓水寒。凛冽的冬风并没有让宋襄公感觉到一丝寒冷，他从容地排兵布阵，默默等待敌人过河。宋将司马子鱼终于按捺不住了，他看到楚军半数还在河中，就劝宋襄公下令打楚军一个措手不及。宋襄公却指着身后的“仁义”大旗，说：“敌人还在渡河，我军趁此进攻，有失‘仁义’。”而当楚军尽数过河，准备布阵进攻时，子鱼又劝说：“楚军立阵未稳，我们何不乘势进攻？”宋襄公面露愠色，质问：“我们是‘仁义’之师，怎么能趁敌人布阵未稳就发起进攻呢？”

宋军仍旧按兵不动。楚军布好阵，以排山倒海之势向宋军杀来，被吓破胆的宋军顷刻间一溃千里。这就是春秋时期著名的“泓水之战”。

这个故事让宋襄公沦为后人的笑柄，迂腐、顽固、愚蠢像冰雹一样砸向他“花岗岩”般的脑袋。在后人看来，当年的楚军比宋军强大得多，宋军只有在楚军立足未稳时把握时机才有可能战胜它，而宋襄公却两次放走良机，失败纯属咎由自取。

然而，宋襄公并不认为自己有错，他向臣民辩解说：君子作战，不能忘记仁义，敌人受了重伤，不应再去伤害他；看见头发花白的敌人，也不应抓他做俘虏；敌人还没有摆好阵势，我们就击鼓进军，即使取胜也不光彩。由此看来，宋襄公并不是愚蠢，而是遵守战争规则。

春秋前的战争规则

其实，这种规则早在商周时期就已存在，反映商周、春秋时期军事思想的兵书《司马法》就说：追击逃散的敌人不能超过一百步，追寻主动退却的敌

① 李康安．我只是遵守战争规则．大科技：百科新说，2012，(3).

人不能超过四十五公里，这是礼；等待敌人摆好作战阵势再发起进攻，这是信。可见，这部兵书是建立在“礼”“信”基础上的。西周也有“礼外无法”“先礼而后兵”的说法，当时的“礼”被摆在至高的地位，它不仅要求人们在日常生活中遵守一定的规则秩序，具有普遍的道德约束力，而且实际上就是中国古代的法律。

到春秋时期，这种规则仍然被继承下来，在诸侯争霸战中屡见不鲜。晋楚城濮之战，晋国公子重耳（晋文公）为报答楚国在自己逃亡之时的收留之恩，“退避三舍”，把军队后撤九十里，讲的就是一个“礼”字。这与儒家强调的“非礼勿视、非礼勿听、非礼勿言、非礼勿动”不谋而合，也就是说，人的视、听、言、行，都要受“礼”的约束，守一定的规则，战争也不例外。

除此之外，宋襄公如此遵守战争规则还考虑到自己的身份。周武王灭商之后，遵从“兴灭国，继绝世”的原则，没有铲除商朝的宗祀，而是将纣王的庶兄微子启封于商丘（今河南省商丘市），国号为宋，宋襄公可以说是商王室的后代，所谓的“公”，在当时五等爵位“公、侯、伯、子、男”中是最高等级。相反，楚国崛起于南方蛮夷之地，自封为王，真正的爵位就是《左传》里所记载的“楚子”，对“礼”的遵从自然不及宋襄公。更何况楚国曾在诸侯会盟的途中将宋襄公劫持，这在当时是极不合“礼”的，受到各诸侯国的鄙视，因此，在“蛮夷之师”面前，宋襄公尤其懂得保持自己的素质，绝不乘人之危。

这种战争规则并不仅仅在中国古代存在，西方也有这个传统。古代欧洲战场上常能看到双方拉开阵势对攻的场景，偷袭被认为是可耻的。但欧洲之所以如此，并非受“礼”的约束，而是源于古希腊时期亚里士多德提出的“契约精神”，这种精神支持人们采取公平的手段解决事端，此后，在西方的经济、军事领域，遵守规则便成为人们内心的一杆秤，一直保留到现在。可惜的是，在中国，宋襄公这种遵守规则的仁义却在历史上遭受了无情的嘲笑。

“成列而鼓”寿终正寝

春秋末期，随着铁器的使用和牛耕的推广，生产力显著提高，封建经济得到进一步的发展，这直接导致土地兼并愈演愈烈，诸侯战争规模不断扩大，“尊王攘夷”被抛到九霄云外，周天子成了名副其实的傀儡，于是，当时的一些战争指导者开始挣脱战争规则的束缚，不再讲究道德上的诚信，将现实利益作为他们的唯一追求，因此战争日趋激烈和残酷。《孟子》记载：争地以战，杀人盈野；争城以战，杀人盈城。

与此同时，战争的指导思想也发生了根本性转变。过去那种“结日定地，各居一面，鸣鼓而战，不相诈”的阵战遭到全面否定，“诡诈”的战法原则普遍流行，社会呼唤着新的兵法以更好地指导战争。《孙子兵法》就是在这种情况下诞生的。它明确提出了“兵者，诡道也”“兵以诈立，以利动，以分合为变”等新时期的战争要义。守“礼”的战争规则逐渐退出历史的舞台，为人们所遗忘。正如清朝大思想家顾炎武指出的，春秋时期，人们还尊礼重信，而到战国，就被丢得一干二净了。《淮南子》也感叹说：以前的国家战争，不杀小孩老人，是一种仁义的做法，在今天却会被人们嘲笑。

此后的中国历史逐渐演变成一场场诡计奇谋主导的战争史，成王败寇成为评论战争结果的唯一标准。这种价值观的转变直接导致信义的缺失和手段的极端化。人们尔虞我诈，乐此不疲。公元前 260 年的长平之战，秦国将领白起用离间计击败赵国、坑杀赵军降卒四十万；公元 208 年的赤壁之战，东吴将领黄盖以苦肉计成就周瑜的火烧赤壁……这些残忍、充满阴谋的战争都在中国历史上被视为经典战例而被后人津津乐道。

“泓水之战”的规模并不大，影响也不够深远，但这场战争成为中国古代战争的道德转折点。在这之后，宋襄公逐渐沦为人们的笑料，但与此相伴的是，中国的战争规则逐渐丧失，战争的道义也渐渐被放在一边。不择手段赢得成功的思想也逐渐侵蚀了整个社会，导致了社会的信义缺失、道德沦丧。在提倡构建和谐社会的今天，“泓水之战”仍然值得我们反思。

同伴分享

以下是你的同龄人对这一问题的见解，他们都鲜明地表达了自己的观点，语段中画线的句子就是观点句。

不同人对战争的不同态度，决定了他们在战争中的行为。宋襄公在战争中展露了自己的仁义，但是这个行为却被人们当成笑柄，被说成迂腐、顽固、愚蠢。这不禁令我沉思——战场上的善举、君子之为到底是何时沦为令人鄙视的行为的？西蒙诺夫的《蜡烛》中的那位老妇人，是令人敬佩的，因为她在充斥着死亡硝烟的战场上，也不顾自己身体虚弱，耗尽时间、精力，只为给战士好好安葬。战争是罪恶的，战争是残暴的。它摧残了一切，毁灭了一切，却无法泯灭人性的光辉。然而，战争需要规则，需要那至高无上的人性的光辉！战争不能沦丧人性，这是战争的规则！

（任琳琳）

中国的战争史多数由胜利者书写，将敌人写得愚蠢、弱小，或是总将敌人说得残暴不堪，却从来没有说出自己在战争中的暴行。道德底线，这些在平日里被众人追捧的事物在战争中不值一提，仿佛拿起武器就可以随意杀人，胜利了就可以肆意抢劫，为所欲为。在一切竞争之上，有着道义与人道主义，这就是规则。正如宋襄公所说，君子作战，不能忘记仁义。他或许迂腐，但不无道理，比起当今社会中出现的无良商家，以及一些有利可图才诚信的商人，他要好得多。

（茅泓毅）

读《信任的境界》和《我只是遵守战争规则》等文章，一开始我被感动了，到最后又困惑了。我到现在才发现，原来战争也有讲仁义的时刻。战争，也是要讲道德讲规则的。也许是那个时代离我们太远了，也许是我们所知道的战争都太过于偏激残暴。对于战争中那些和谐的、闪耀人性光辉的场面，我竟如此之陌生。要是我以之前的心态亲临那个战场，见到这样的场景：一位士兵前一刻还是个手拿屠刀浑身是血的魔鬼，下一刻竟成了把老人孩子小心地从地上扶起的善人，怕是会觉得十分诡异。没有嘲讽，没有讥笑，这样的情况太反常了，多么奇怪的一件事！

虽然对此很是讶异，但要是说实话，这大概是人类史上最美好的战争。但是后来，它也消失了，随着人们心中的恶念、贪欲而消失了。如果只看最后战争的结果的话，那么还要这些“礼”做什么呢？只要赢了就好了，那些改变战争的人一定都是这么想的吧。

是人们的恶念把自己推进了万丈深渊。

（陈思蓉）

战争的炮火是可怕的，它时时刻刻都在威胁着人民的生命，这种时刻存在的压迫感，使人们恐慌、压抑，最后导致了人性的巨大改变，战争彻底扭曲了人们的内心。他们变得更加残忍、无情、冷酷，不再对美好的事物抱任何期望。他们那充满嗜血欲望的眸子令敌人害怕，也令自己的亲人害怕，当然也击垮了他们内心仅存的善意。以残暴赢得的胜利真的让人安心吗？不，一定不是的。残酷的战争不是使我们变得无情的理由，不是人格扭曲、人性沦落的理由！所以，我认为，即使在战场上，也应该遵守道义。以真正的实力去赢得每一场胜利，用光明的计策去展示智慧，让对方输得心服口服，而不是采用不正当的方式。在生活中人们也应如此，以和谐为目标，构建一个安宁、繁盛的国家，才是我们今天应该努力去实现的。

（詹颖）

（五）必读

1. 阅读《天职》，根据文中括号内的提示内容进行批注，写在文章右侧空白处。

2. 什么是"天职"？你认为海尔曼医生的天职是什么？杀死德国警官是他的天职吗？请联系你所阅读过的文本谈谈你的思考。

天　职①

许　行

海尔曼博士是位医术高超、医德高尚的大夫。他开的诊所已远近闻名，在布拉沙市里没有人不知道海尔曼和他的诊所的。

海尔曼这个倔老头子，像他那把用最好钢材做成的手术刀一样坚硬、锋利。（提示：联系下文，说说"坚硬""锋利"指什么。）

有这样两件事，一下子就把海尔曼给抬了起来。（提示：指哪两件事？请各用一句话概括出来。）

一天夜里，他的诊所被一个小偷给撬开，一点现金和几样珍贵的药物，都被小偷放在提兜里准备带走。不巧，慌忙中小偷撞倒吊瓶支架，又被氧气罐绊倒，摔折了大腿，要跑也爬不起来了。这时，海尔曼和助手从楼上下来，助手说："打电话让警察把他带走吧！"

"不，在我诊所的病人不能这样出去。"

把小偷抬上手术台，海尔曼连夜给他做了接肢的手术，并给打上了石膏绷带。一直在诊所里把他治好了才交给警察。

助手说："他偷了您的财物，您怎么还如此给他治疗呢？"

"救死扶伤是医生的天职。"

小偷自然感激得五体投地。唯在交警察前，他恳求把他放了。他说："海尔曼博士，您不愧是上帝的儿子。我愿再次得到您的拯救，不到那阴森的牢房里去领面包……"

---

① 许行．天职．小小说选刊，1995，(15)．略有删改．

海尔曼博士两手一摊说：“先生，对您这个要求，我这把手术刀就无能为力了。”（提示：为什么海尔曼博士不替小偷求情？）

一时传为佳话。

又一天，一个女人护送一位车祸中受重伤的人来诊所。

海尔曼一愣：呵，是她？她早已徐娘半老，怎么这般漂亮？这是他被人夺去的爱妻。直到今天她在他的眼里，仍然具有不可替代的魅力。（提示：此处为何强调女人有魅力？）

女人泪流满面地说：“海尔曼，亲爱的海尔曼，你还恨我吗？……为了拯救他的生命，我不得不来求你，你是全市唯一能给他做手术的人。”

重伤的人是他原来爱妻的后夫，就是这个人把她夺去了，当时就差未同他进行古老的决斗。

“亲爱的海尔曼，我和他都对不起你，可是我们遇了难……但愿你的手术刀不带着往日的仇恨。”（提示：“但愿你的手术刀不带着往日的仇恨”这句话的含义是什么？）

海尔曼曾经受过他们的侮辱。现在这种场合的重逢，使他不由心潮起伏，思绪万千。他始终一言未发，只冷冷地反问一句：“列夫斯基夫人，你忘记我教导过你的话了吗？”

“救死扶伤是医生的天职。”

手术前列夫斯基一直处于昏迷的状态。待手术中清醒过来，见拿着手术刀的是海尔曼，不由大吃一惊，连忙要挣扎起来。

“老实躺好，这是上帝的安排。你是我永难宽恕的情敌，你又是我必须抢救的患者。”

一个修补头颅骨的手术，让海尔曼站了十多个小时，最后晕倒手术台旁。

列夫斯基伤愈后，夫妻俩在海尔曼面前忏悔地说：“如您不嫌弃，我们愿意为服侍您而献出余生。”

“医生在手术室里记住的只是他的天职，忘记的是个人的恩怨。”

这事更引起了人们的敬重。

这年，德国发动第二次世界大战，占领了布拉沙，一个盖世太保头目，被波兰地下战士一枪打中了胸部。随军医生没有人能给他做这样开胸的大手术，便把他化了装送到海尔曼的诊所。海尔曼一眼便认出这是个最凶残的德国刑警队警官，在这个城市里不知有多少波兰人丧生在他的枪口下。他心中猛然一震，暗自喟叹，这也是上帝的旨意呵。（提示：“上帝的旨意”指的是什么？读到这里你认为海尔曼会帮这个病人做手术吗？）

海尔曼支走了所有助手和医护人员，他洗手、刮脸，重新穿好上教堂才穿的那套西服，罩上一件最新的白外套。然后拿起最大的那把手术刀，一下子剖开他胸膛。他没有去找子弹，而是把手术刀插在这个人的心上……（提示：海尔曼在杀死德国警官前，为什么要梳洗打扮整齐？）

在受审时，德国人说：“你玷污了你的手术刀。”

“没有，它用得其所。”

“你忘记了医生的天职。”

“没有，此时此刻反法西斯就是最高的天职！”他一字一顿，字字千钧，全市人都听到啦。

海尔曼牺牲了。可城市到处都张贴着“天职”两个大字，不用再加其他文字，它就成了一条具有巨大号召力量的反法西斯标语。时至今日布拉沙还在最高的楼宇上，挺举着“天职”两个大字，谁都明白人们赋予了它更深远的含义。

同伴分享

1.“天职”是职责的意思。我认为海尔曼医生的天职应该根据不同的背景和对象来判定。小偷尽管触犯法律，情敌尽管是仇人，但他们毕竟是海尔曼医生的同胞，海尔曼医生没有权力剥夺他们生存的权利。在同胞伤者的面前，救死扶伤就是他的天职。然而在战争时代，海尔曼医生的职责不仅仅是救死扶伤，还有保家卫国，况且德国警官杀害无数波兰人，因此这时海尔曼医生的职责就是反法西斯，杀死警官就是他的天职。

2.“天职”指的是应该承担的责任。我认为海尔曼医生的天职是救死扶伤。作为医生，救死扶伤就是他的责任，不管他面对的伤者是谁，是否有过错。德国刑警队警官是作为伤者躺在手术台上的，这时候他就如同《决不向一个提着裤子的人开枪》中那个提着裤子的人，暂时褪去军人的角色。面对没有反抗能力的伤者，海尔曼医生的职责就是救活他，至于他的罪过应该由军事法庭来审判。前不久热播的某部电视剧中，军人面对医生在犹豫是否要医治罪大恶极的伤者时，他说了一句掷地有声的话：“救人的事你来做，杀人就由我来吧！”我十分认同这句话。因此我认为杀死德国警官不是海尔曼医生的天职。

二、战争，我们该铭记什么

作家聂华苓在《亲爱的爸爸妈妈》中写道："人，是健忘的。不记仇，很对。但是，不能忘记。"阅读《亲爱的爸爸妈妈》《两个受害之城的比较》和《打捞悲剧中的"个"》，说一说：对于战争，我们该忘记什么？什么又不能忘记？

学习任务

1. 阅读《亲爱的爸爸妈妈》《两个受害之城的比较》和《打捞悲剧中的"个"》。

2. 比较《两个受害之城的比较》《打捞悲剧中的"个"》观点的异同之处。

3. 阅读同伴的思考，勾画出观点句，然后在旁边批注出你的见解。

(一)必读

比较中国与日本两国的不同做法，谈谈你对这件事的思考。

两个受害之城的比较①

一　哲

法国一位名叫切尔西的女记者走访了在二战中遭受浩劫的一些城市。她对日本的广岛和中国的南京两个灾难深重的城市记录得比较详细，现摘抄一些：

广岛：被原子弹轰炸的残骸都保存完好；南京：难以找到当年屠城遗址。

南京：大屠杀死难人数 36 万人以上，纪念馆"哭墙"上只刻有 3000 个死者的名字；广岛：2001 年 8 月 6 日，公布原子弹受害者 221893 人，精确到个位。

广岛：每年 8 月 6 日，举行悼念大会，8 月 15 日，钟声汽笛鸣响，工厂、学校、机关停止一切工作，全城哀悼；南京大屠杀纪念大会从 1985 年

① 一哲．两个受害之城的比较．现代女报，2004-07-02．题目有改动．

才开始，1997年才有了拉响防空警报和车船汽笛的做法，除了悼念大会会场，鲜见肃立默哀场面。

南京：参加纪念大会人数2000左右，最多不到1万人，占全市人口1/2800或1/500；广岛：参加纪念大会的有5万多人，占全市人口1/21……

两个民族对历史的记忆，为什么差别这么大？

同伴分享

以下是你的同龄人对这一问题的思考，请用横线画出表述观点的句子。

思考一：

看完这些对比后，我突然感到很悲哀。我们总是在鄙视日本，毫无理性地说出很难听的词，骂它不承认自己的错误，骂它不认清历史，骂它只记得自己的伤痛。可是中国呢，我们呢。我们是记住了历史，但是到了现实世界，历史却只剩下了模棱两可的影子。我们为那些在战争中牺牲的人们悲愤，可是这其中的“愤”却大于“悲”。我们应该记住的是那些在战争中失去生命的人，我们应该记住的是战争带来的悲剧，我们应该记住的是人们对战争的厌恶与恐惧。我们更应该记住到底是因为什么才有了战争，答案显而易见，是人们心中的贪念，如魔鬼一般，驱使着世界铸犁为剑。

勿忘历史，但是，请忘记仇恨。

（陈思蓉）

思考二：

读了这段文字，我有很深的感悟。两个城市的比较，使我清晰地看见了不同国家对战争的态度。战争是需要被我们铭记的，因为它带着血与泪，是岁月深沉的烙印推着我们向前的历史，我们不能忘记历史。

但我们应该放下仇恨、愤怒，要记住战争带来的伤害，并且时刻警戒自己：世界永远不能再有战争和屠杀了！铭记教训，不忘历史，是让我们不再犯同样的错误。南京大屠杀，死难者数十万，却只有3000人的悼念名单，这是否说明，我们对战争没有深的认识与重视？确实，尽管我们中国人饱经苦难，深受战争的折磨，但我们却是一个没有悲剧意识的国家。只有当我们对战争有了正确的态度之时，才会有美好和谐的理想社会。

（任琳琳）

思考三：

我们可以渐渐忘记，祖辈对敌人深切的仇恨和敌人的凶残，但是万不可以将战争的记忆以及屠城的事实遗忘。百年的时间很长，但再长的岁月也不能斑驳了对战争的恐惧。我们之所以纪念战争，不是因为对敌人的愤恨，而是因为我们要通过理性的方式告诉全世界，“人间不能再有残暴的屠杀和战争了”，同时也告诉自己，我们的前辈用鲜血换来的正义，不能因时间的逝去而被遗忘。

（孙士喆）

思考四：

日军制造南京大屠杀，杀害了我国36万以上的同胞，这是多么令人悲痛的数字。看着36万这个数字，我终于理解南斯拉夫人对犹太受害者的感情了。文中这些事实令人深思：广岛的牺牲人数比南京的精确很多，而日本人很早就鸣防空警报纪念死者，且只要警报声一响，广岛人无论在做什么都会停下来默哀，南京却是到了20世纪80年代才有的。日本虽是邪恶战争的发起国，但却牢牢记住了同胞的苦难和死亡的惨剧。而今，日本成为世界发达国家，而中国是发展中国家。

结合聂华苓的话，我认为，聂华苓是想告诉我们：国耻不能忘。我们要吸取二战教训，发愤图强。虽然我们不应把“仇恨”放在嘴边，但不能忘记历史长河中战争的罪恶和那些死难者。

从聂华苓的话中我还读出了另一层意思。人应该有宽容之心，可以适时忘记仇恨，但要保持一颗感恩的心，记住每一个对你心怀善意的人，也许经过时间的冲刷仇恨会淡化。生活中的磨难，从另一个角度看，可以让自己学会成长，学会坚强，学会感激。能让自己明白，如今的美好来之不易，更应好好珍惜、好好生活。

（林灵）

（二）选读

在《打捞悲剧中的“个”》一文中作者并不同意用数字来记录悲剧，他主张用什么方式来记录？理由是什么？你怎样看待他的主张？请阅读这篇文章，完成阅读任务单。

表 14 阅读任务单

作者反对用数字记录悲剧的理由	
作者主张的记录悲剧的方式及理由	
你的见解	赞同（ ）不赞同（ ）
	理由：

打捞悲剧中的“个”[①]

王开岭

死亡印象

1995 年的《东方》杂志曾刊登了一篇犹太裔汉学家舒衡哲的《第二次世界大战：在博物馆的光照之外》，文章认为，我们今天常说纳粹杀了 600 万犹太人，日本兵在南京杀了 30 万人，实际上以数字和术语的方式把大屠杀给抽象化了。他说：“抽象是记忆最疯狂的敌人。它杀死记忆，因为抽象鼓吹拉开距离并且常常赞许淡漠。而我们必须提醒自己牢记在心的是：大屠杀意味着的不是六百万这个数字，而是一个人，加一个人，再加一个人……只有这样，大屠杀的意义才是可以理解的。”读到这，我的心怦怦踉跄了起来。

我们对悲剧的感知方式有问题？

平时看电视、读报纸，地震、海啸、洪水、矿难、火灾……当闻知几十乃至更多的生命突然消逝，我们常会产生一种本能的震惊，可冷静细想，便发觉这“震惊”不免有些可疑：很大程度上它只是一种对表面数字的愕然！人的反应更多地瞄准了那枚统计数字——为死亡体积的硕大所羁绊、所撼动。它缺乏更具体更清晰的所指，或者说，它不是指向实体，不是指向独立的生

① 王开岭．打捞悲剧中的“个”．见：王开岭．精神明亮的人：王开岭散文随笔自选集．太原：书海出版社，2009：141.

命单位，而是指向“概念”，苍白、空洞、模糊的概念。

有次聚会，某记者朋友的手机响了，通知他某处发生了客车倾覆，“死了多少？什么？一个……”其表情渐渐平淡，肌肉松弛下来，屁股重新归位，继续喝他的酒了。显然，对“新闻”来说，这小小的“一”不够刺激，兴奋不起来。

多可怕的数学！对别人的不幸，其身心没有丝毫的投入，而是远远的旁观和悠闲的算术。对悲剧的规模和惨烈程度，他隐隐埋设了一种“大额”的预期，就像评估一场电影，他有奢望，当剧情达不到高潮的分贝值时，便会失落、沮丧、抱怨。这说明什么？它抖出了我们人性中某种阴暗的嗜好，一种对“肇事”的贪婪，一种冷漠、猎奇、麻木的“局外人”思维。

重视“大”，藐视“小”，怠慢小人物和小群落的安危，许多悲剧不正是该态度浸淫的结果吗？四川綦江彩虹桥的坍塌之所以轰动一时，很大程度上，并非它藏匿的权力腐败之深刻和典型，而是其死亡“面值”的巨大，是它作为事故吨位的“重量级”。若非几十人罹难，而是一个或几个，那它或许根本没机会被“新闻”相中，并成为反腐败的一个热议视点……那该桥的腐败就会被不动声色地包养下去，即会有更多更长的桥悄悄步其后尘。

永远不要忘了，在那一朵朵烟圈般——被嘴巴们吞来吐去的数字背后，却是实实在在的“死”之实体、“死”之真相——

悲剧最真实的承重是远离话语场之喧嚣的，每桩噩耗都以它结实的羽翼覆盖住了一组家庭、一群亲人——他们才是悲剧的真正归属者，对之而言，这个在世界眼里微不足道的变故，却似晴天霹雳，死亡集合中那小小的“个”，于之却是血脉牵连、不可替代的唯一性实体，意味着绝对和全部。此时，它比世上任何一件事都巨大，都严重，无与伦比。除了压得喘不过气来的痛苦，除了晕眩和凄恸，就再没别的了。无论如何，他们都不会理解那种“新闻”式的体验，而只会诅咒它。因为这一个“个”，他们的生活全变了，日常被颠覆，时间被撕碎，未来被改写。

海哭的声音

世纪末的最后一个深秋，共和国历史上最惨烈的一桩海难发生了。1999年11月24日，一艘号称“大舜”的客轮在烟台到大连途中失事。312人坠海，22人获救。这样短的航线，这样近的海域，这样久的待援，这样自诩高速的时代，这样渺小的生还比例……举世瞠目，寰宇悲愤。

2000 年 3 月 18 日，《南方都市报》“决策失误害死 290 人”的大黑题框下，贴了一位遇难者家属的照片。沉船时，他与船上的妻子一直用手机通话，直到声波被大海吞没……

这是我第一次触及该海难中的“个”，此前，与所有人一样，我的记忆中只贮存了一个笼统的数字：290。

那个阳光灿烂的下午，我久久地凝视那幅画面：海滩，一群披着雨衣神情凌乱的家属；中年男子，一张悲痛欲绝的脸，怔怔地望着苍天，头发潦草，一只手紧紧捂住张开的嘴，欲拼命地掩住什么，因泪水而鼓肿的眼泡，因克制而极度扭曲的颧骨……我无法得知他喃喃自语什么，但我知道，那是一种欲哭无泪、欲挣无力的失去知觉的呼唤，一种不敢相信、不愿承认的恍惚与绝望……

一个被霜袭击的生命。一个血结了冰的男人。或许他才是个青年。

那种虚脱，那种老人脸上才有的虚脱和枯竭，是一夜间人生被洗劫一空的结果。

想想吧，11 月 24 日，那一天我们在干什么？早忘了。然而他们在告别。向生命，向世间，向最舍不得撒手的人寰，向最亲密的事物告别。那是怎样残酷的仪式！怎样使尽全力的最后一次眺望！最后一滴声音！

想想吧，那对年轻的灵魂曾怎样在电波中中紧紧相拥，不愿撒手，不愿被近在咫尺的海水隔开……那被生生劈作两瓣的一朵花！

这是死亡情景，还是爱情情景？

那一刻，时间定格了，凝固了。生活从此永远改变。

290，一个多么抽象和无动于衷的数字。我不愿以这样一个没有体温的符号记忆这次海难。我只是攥紧手中的照片，攥紧眼前的真实，生怕它从指缝间溜走。我全身心都在牢牢地体会这一个“个”，这个绝望的男子，这个妻子的丈夫，那一刻，他听到了什么？她对生命的另一头说了些什么……

渐渐，我感觉已和他没了距离。他的女人已成了我的女人，他的情景已是我的情景。从肉体到灵魂，我觉出了最亲密者的死。

手脚冰凉，我感到彻骨的冷。风的冷，海的冷，水底的冷。

天国的冷。

我想起了许多事。出事那天，我从电视人物、尤其官员的脸上(他们在岸上，在远离大海的办公室里)，看到的只是备好的语言和廉价的悲悯，只是“新闻”折射出的僵硬表情。显然，他们的全部注意力都押在了“290”这个数据上。他们严肃、冷峻，他们从容不迫、镇定有方……看上去连他们自己都像一堆数据。一切表现都是格式化、公章式的(太面熟了!)，都是机件对“数据”产生的反射，是“290”而非那一个个的“个”在撞击他们。那深思熟虑的咬字和措辞(太耳熟了!)，是被量化了的，是受数据盘和公务软件操控的。你感觉不到其情感和内心，他们身上没有汹涌的东西，只有对责任的恐惧和应变能力。

死了的人彻底死了，活着的人懒懒地活着。

今天，是海难的周年祭。我重新翻出这张照片，打量他。想象他年轻的妻子，想象她平日在家里的情景，想象那一天那一夜的甲板，想象那最后一刻还死死抱着桅杆、对陆地残存一丝乞望的生命……

我更清楚，夺走她的不仅仅是海水，还有人类自己，还有陆地上的一切。那些“事不关己”的人们。

我暗暗希望今晚能有更多的人想起那艘船，想起那个黑色的滂沱之夜。为了生活，为了照片上的那个人，为了更多相爱的生命。

个体：最真实的生命单位

在对悲剧的日常感受上，除了重大轻小的不良嗜好，人们总惯于以整体印象代替个体的不幸——以集合的名义遮蔽最真实的生命单位。

由于缺乏对人物之命运现场的最起码想象，感受悲剧便成了毫无贴身感和切肤感的抽象注视。人们所参与的仅仅是一轮信息传播，一桩单凭灾难规模和牺牲体积确认其价值的“新闻”打量。

这是一种物质态度的扫描，而非精神和情感意义上的触摸——典型的待物而非待人的方式。该方式距生命很远，由于数字天然的抽象，我们只留意到了生命集体轮廓上的变化和损失(“死了多少”)，而忽略了发生在真正的生命单位——个体之家——内部的故事和疼痛(“某个人的死”)。

数字仅仅描述体积，它往往巨大，但被抽空了内涵和细节，它粗糙、笼统、简陋、轻率，缺乏细腻成分，不支持痛感，唤不起我们最深沉的人道感情和理性。过多过久地停留在数字上，往往使我们养成一种粗鲁的记忆方式，一种遥远的旁观者态度，一种徘徊在悲剧体外的“客人”立场，不幸仅仅被视为他者的不幸，被视为一种隔岸的“彼在”。

如此，我们并非在关怀生命、体验悲剧，相反，是在疏离和排斥它。说到底，这是对生命的一种粗糙化、淡漠化的打量，我们把悲剧中的生命推得远远的，踢出了自己的生活视野和情感领地。

久之，对悲剧太多的轻描淡写和迎来送往，便会麻木人的心灵，情感会变得吝啬、迟钝，太多的狭私和不仁便繁殖起来了，生命间的良好印象与同胞精神也会悄悄恶化。

感受悲剧最人道和理性的做法：寻找“现场感”！为不幸找到真实的个体归属，找到那“一个，又一个……”的载体。世界上，没有谁和谁是可以随意叠加和整合的，任何生命都唯一、绝对，其尊严、价值、命运都不可替代。生生死死只有落在具体的“个”身上才有意义，整体淹没个体、羊群淹没羊的做法，实际上是对生命、对悲剧主体的粗暴和不敬，也是背叛与遗忘的开始。

同样，叙述灾难和悲剧，也必须降落到实体和细节上，才有丰满的血肉，才有惊心动魄的痛感和震撼，它方不失为一个真正的悲剧，悲剧的人性和价值才不致白白流失。

一百年前的“泰坦尼克”海难，在世人眼里之所以触目惊心，是因为两部电影的成功拍摄：《冰海沉船》和《泰坦尼克》。通过银幕，人们触摸到了那些长眠于海底的“个”，从集体遗容中打捞起了一张张鲜活的生命面孔：男女情侣、船长、水手、提琴师、医生、母亲和婴儿、圆舞曲，美国梦、救生艇……人们找到了和自己一样的人生、一样的青春、一样的梦想和打算……

如此，“泰坦尼克”就不再是一座抽象的遥远时空里的陵墓，悲剧不再是新闻简报，不再是简单的死亡故事，而成了一部关于生活的远航故事，所有的船票和生离死别都有了归宿，有了“家”。有了这一个个令人唏嘘、刻骨铭心的同类的命运，“泰坦尼克”的悲剧价值方得实现，人们才真正记住了它，拥有了它。

美国华盛顿的“犹太人遇难者纪念馆”，在设计上就注重了“个”的清晰，它拒绝用抽象数字来控诉什么，而是费尽心机搜录了大量个体遇难者的信息：日记、照片、证件、通信、日用品、纪念物，甚至还有偶尔的声音资料……当你对某一个名字感兴趣时（比如你可以选一个和自己面容酷似或生日相同的人），便可启动某个按钮，进入到对方的生涯故事中去，与其一道重返半世纪前那些晴朗或阴霾的日子，体验那些欢笑和泪水、安乐和恐怖、幸福和屈辱……这样一来，你便完成了一次对他人的生命访问，一次珍贵的灵魂相遇。

走出纪念馆大厅，一度被劫走的阳光重新回到你身上，血液中升起了久违的暖意，你会由衷地感激眼下。是啊，生活又回来了，你活着，活在一个让人羡慕的时空里，活在一个告别梦魇的时代……你会怀念刚刚分手的那个人，你们曾多么相似，一样的年轻，一样的热爱和憧憬，却不一样的命运，不一样的今天……

记住了他，也就记住了恐怖和灾难，也就记住了历史、正义和真理。

与这位逝者的会晤，相信会对你今后的每一天，会对你的信仰和价值观，发生某种正直的影响。它会成为你生涯中一个珍贵的密码，灵魂密码。

这座纪念馆贡献了真正的悲剧。

重视“小”，重视那不幸人群中的“个”，爱护生也爱护死，严肃对待世上的每一份痛苦，这对每个人来说都意义重大。它教会我们一种打量生活、对待同胞、判断事物的方法和价值观，这是我们认知生命的起点，也是一个生命对另一生命的最正常态度。在世界眼里，我们也是一个“个”，忽视了这个“个”，也就丧失了对人和生命最深沉的感受。

其实，生命之间，命运之间，很近，很近。

（2000 年 11 月）

师者助读

比较《两个受害之城的比较》《打捞悲剧中的“个”》这两篇文章在观点方面的异同点。

三、仇恨，该如何消除

对于战争，我们应该铭记历史教训，忘记仇恨。在中国其实早有以德报怨的传统，然而在现实中，许多人早已将老祖宗的遗训抛诸脑后，“有仇必报”成为大多数中国人的处世哲学。为了报仇雪恨，许多人常常处心积虑不择手段甚至以牺牲生命为代价。报仇雪恨，似乎天经地义，对于为了报仇泯灭人性的行为人们甚至可以原谅，甚至报以掌声。而“恶有恶报”是很多人奉行的“真理”。于是看到恶人遭到报应，我们常常失去应有的怜悯，觉得大快人心。

阅读《给仇人一块面包》，完成阅读任务单，写下对该不该给仇人面包的思考。之后，你可以继续阅读中岛幼八（日本）的《何有此生》、董炳月的《寻访日本老八路》，以加深对这个主题的思考。

给仇人一块面包①

吴若权

二战时期，苏联人民在斯大林的领导下，团结一致，浴血奋战，在付出巨大的代价之后，终于取得了莫斯科保卫战的胜利。

战争胜利的当天，上万名疲惫不堪、无精打采的德国战俘排成长长的纵队，在荷枪实弹、威风凛凛的苏联士兵的押解下走进莫斯科城。

得知法西斯战俘进城的消息后，人们几乎倾城而出，纷纷拥上街头，在宽阔的莫斯科大街两旁，围观群众人山人海，挤得风雨不透，在围观的人群中大部分是老人、妇女和儿童。

苏军在战胜入侵的德国法西斯的同时，自己也付出了重大的伤亡，这些老人、妇女和儿童都是战争的受害者，他们当中许多人的亲人，在这场异常残酷的战争中被入侵的德国法西斯杀害了。

失去亲人的痛苦把原本温和、善良的人们激怒了，他们怀着满腔的仇恨，将牙齿咬得格格响，一双双充满血丝与复仇火焰的眼睛齐刷刷地向俘虏走来的方向注视着。

为了防止出现意外，大批的军队和警察出动组成一堵墙，排在愤怒的人群前面。

战俘出现了，近了，更近了，围观的人群开始骚动，有人喊出打倒法西斯的口号，有人叫骂着让杀人的凶手偿命，接着人群潮水般地向前涌，负责维持秩序的警察企图阻止，马上被汹涌的人潮冲得七零八落，最后警察和士兵手拉手组成人墙，好不容易才将人潮挡住。

此时，战俘已经来到人群前面，他们个个衣衫褴褛、步履蹒跚，每向前迈一步都十分艰难。他们有的头上裹着绷带，有的身带重伤，有的失去手脚躺在担架上不断发出痛苦的呻吟。

---

① 吴若权．给仇人一块面包．晚报文萃，2005，(7).

面对激怒的人群，德国战俘呆滞、木讷的目光中充满了恐惧与惊慌，出于求生的本能，他们不住地后退，许多战俘本来就身负重伤、疲惫不堪，在遭如此惊吓后瘫软在地。担架上的重伤号，被扔在地上，无力逃脱，拼命地哭号呼救。

这时，一位中年妇女在混乱中拼力挤过人墙，冲到一个受伤的战俘跟前，举拳要打。

这是一个失去双腿的重伤号。他头上打着绷带，破烂的军装上沾满了血迹，脸上的稚气表明他绝对不会超过二十岁。面对扑面打来的拳头，他无力躲闪，瞪着惊恐的眼睛，发出绝望的哭泣。

蓦地，中年妇女停住了，木雕泥塑般站在那里。她怔怔地看着年轻的战俘，心头一阵剧烈刺痛，在这个年轻伤号稚气的脸上，她看到自己刚刚战死的儿子的影子！

妇女犹豫了一下，叹了口气，那只高举的拳头无力地垂了下来。妇女从怀里掏出一块用纸裹着的面包，轻轻地递到伤号的面前。年轻的伤号几乎不敢相信自己的眼睛，他用惊恐的眼睛盯着面包，不敢去接。直到妇女硬把面包塞到他的手中，他才如梦方醒，抓起面包连裹在外面的纸都顾不上撕，就狼吞虎咽大吃起来，看得出他一定几天没有吃饭，饿坏了。

看到伤号饿成这个样子，妇女缓缓蹲下身子；用颤抖的双手轻轻抚摩着伤号头上的弹伤，失声痛哭起来！

悲恸的哭声撕心裂肺，骚动的人群一下子安静下来。人们惊呆了，一个个用惊异的目光注视着眼前的一切。空气仿佛一下子凝固住了，整条大街一片死寂。

良久，人们才醒悟过来。这时，出人意料的一幕出现了：那些老人、妇女、孩子，纷纷拿出面包、火腿、香肠等各种食品，一齐向受伤的战俘涌去……

表 15　阅读任务单

词语积累		
摘抄赏析（语句优美、内涵深刻、细节生动等）	1	
	2	
	3	
疑难问题	1	该不该给敌人面包？ 解答：
	2	
质疑	有人对文章的结尾提出质疑：苏联人在战争时期可能随身带有充裕的食物吗？这个结尾违背了生活的真实。 请查阅资料，然后在网上和同学讨论这个问题。	

师者助读

结合以上文章，联系生活，围绕如何才能消除仇恨撰写不少于 400 字的阅读体会。

师生共学

如何撰写阅读体会

围绕一定的文本(问题)撰写阅读体会，在学习、考试中经常遇到。这类表述题一般有以下两种类型的问法：一是开放型，让读者畅谈阅读文本之后的感悟和体会。我们平时撰写的读后感常常就属于这种类型。二是限制型，就是紧扣某一问题谈阅读体会，例如，本章中的阅读表述题都属于限制型。二者的区别在于前者开放度更大，只要围绕文本言之有理即可，而后者除了遵照上述要求，还要紧扣问题。完成阅读体会表述题就是在撰写一篇小型的议论文，因此，不管属于哪一种类型，都要做好以下四个要点。

一是观点要鲜明。点明观点宜在开头或结尾，考试时最好在开头；口头表达时，如果篇幅较长，最好开头和结尾都作强调。

二是理由要充分。要围绕观点摆事实讲道理，引用的事实材料要准确，讲道理要符合逻辑，总之要言之有理。

三是文本要联系。不管是摆事实还是讲道理，一定要联系文本。感悟体会从文本中引出来，论述时还要回到文本中去。

四是生活要拓展。阅读体会表述题无论是开放型还是限制型，不管有没有联系生活的明确要求，尽量都要结合生活体验，这样才能充分体现阅读的价值。

四、和平，需要建设吗

为什么有战争？用什么取代战争(武力)？和平是从天而降的吗？在生活中如何建设和平？本节引入《写给孩子的哲学启蒙书》一书中的有关章节，引导大家从哲学的角度思考战争问题。请认真阅读下文，勾画出能回答上述问题的句子。然后完成四个任务：概括、提取信息、理解信息、运用实践。

学习任务

阅读《战争与和平》一文，勾画表述观点的句子；然后用一句话概括战争的起源；最后，依据你画出的观点，举出在生活中建设和平的两个事例。

战争与和平[1]

当武力统治一切的时候

战争，就是利用武力来获取人们想要的东西。

体力，是人类拥有的一种与生俱来的天然的东西。人有用来看东西的眼睛，有用来听声音的耳朵，在他的体内，还存在着一股力量。这股力量常常用于搬运沉重的物品、修建房屋、耕种土地……有时也用于打斗。在人类历史的最初时期，一个人所拥有的体力对其生存是至关重要的，或许是最重要的。

两组猎手正在追捕同一只羚羊，他们杀死了这只羚羊。猎手的家人们都在洞穴中等待着他们带回猎物充饥。羚羊应该属于哪群人呢？一场激烈的争夺战就这样爆发了。人们为了获得羚羊展开激战，这是两个部落之间的战争。最后，拥有最强壮的男人们的那个部落赢得了羚羊，他们把胜利品带给了他们的女人和孩子。

没有任何人对武力成为决定胜负的唯一手段而感到吃惊。争斗是一种本能，一种人类不经学习就知道该怎么做的能力，像鹳的本能一样。例如，冬天来临的时候，它们就集体飞到温暖的地区去了。谁也没有对它们说，如果继续待在寒冷的地区它们会冻死。冬天来了，它们向非洲迁徙，这种习惯与生俱来，不需任何思考。

人们为了解决问题而争斗，这就如同我们口渴的时候需要喝水，或者疲倦的时候需要睡觉一样。但是，与鹳截然不同的是，人类不可能长久地满足于这种状况。一个人身上所具有的天生的、本能的东西，对他来说并不一定总是好的东西。

为了描述当武力统治一切的时候人们是如何生活的，我们可以这样说，那时人类是以一种本能的状态或者原始的状态生活着。处于原始状态中的人们随时可以和别人争斗、打仗，或者发动战争。当一些人企图得到另外一些人所拥有的东西时，爆发一场战争就极其正常了。然而这就带来一个严重的问题！如果今天人们的生活仍然处在原始状态，就有可能发生以下的情景：

---

① ［法］碧姬·拉贝，米歇尔·毕奇，刘岩等译．写给孩子的哲学启蒙书：第2卷．桂林：广西师范大学出版社，2005：26—52.

在一个面包店里，两个人为谁能够买到最后那根长棍面包打起架来。过路的行人都停下来，透过橱窗观战，看究竟谁赢谁输。老板娘也等着把长棍面包交给胜利者。人们对这一切已经司空见惯，没有任何人感到惊讶！另外一个例子：

一个人刚要买最后那根长棍面包时，一个身高两米的彪形大汉走进了面包店，伸出了他那两只粗壮的胳膊。于是，那根长棍面包立即就是他的了，因为他最强壮。

我们很快就发现没有人会觉得这样的生活状况令人愉快。连最强壮的人也生活在恐惧当中，他们担心遭遇一个更强大的人。当强者们衰老的时候，他们的力量也减弱了，他们成为孱弱的人，年轻的人们则开始统治他们。

一个或者一群自我感觉比其邻居更强大的人，可能突然决定抢走其邻居的一切，占领他们居住的洞穴以便拥有更多的地盘……

这样一来，大家都生活在恐惧当中，因为每个人都成了另一个人的敌人。

多亏人类拥有智慧，所以当生活状况变得使人不堪忍受的时候，他们会想办法从中解脱出来的。也就是说从这种原始的、好战的本能状态中解脱出来。

取代武力的规则

为了避免武力决定一切，人们认为应该建立一些规则。

对于那些围猎羚羊的猎人们来说，有一个可行的规则："在我们不知道羚羊属于谁的时候，我们应该把这只羚羊分给在场的每一个猎人。"或者："谁住的山洞离这里最近，谁就把羚羊带回去。"还可以："谁家养育的孩子最多，谁就把羚羊拿走。"面包店的规则应该是"先到先买"。必须制定一个所有的人都认为是可行的规则。

为了使生活变得更和谐更美好，人们有选择地制定了一些规则。这些规则的总和就是我们所说的"法律"或者"法规"。有权做某一件事，就意味着法律允许我们做这件事，也就是说没有任何一条法规禁止我们这样做。

迫使遵守规则的力量

一旦规则制定好以后，最关键的问题是要让人们去遵守它。

怎样才能使那些最强壮的人们也接受并遵守规则呢？因为，说到底，这些人总是能够决定用武力获取他们想要得到的东西。

那些最强壮的猎人可能将遵守一次规则，或者两次规则。但是，很快他们就发现显示他们的肌肉要比遵守法规简单容易得多：其他人早就被他们的强悍吓倒了，仓皇逃窜，羚羊就留给了这些剽悍的猎人。

没有任何人能够从他们身上清除这种与生俱来的力量。为了使人人都能够遵守同一个规则，大家认为绝对需要建立一个比这些最强壮者的武力更为强大的力量。这个力量的存在仅仅是为了让规则能够得到遵守。

这个高于其他强者的力量，是由十位配备武器(也只有他们才有权利配备武器)的男人们组成的一个小组。他们将整日地在森林与原野以及猎人们出没的地方巡逻。这支巡逻队将检查猎人们是否严格遵守规则。假如突然来了一个贪婪的猎人，自认为比其他人更强壮并决定强夺别人的羚羊，那么巡逻队就会前来干涉，向这位蛮不讲理的猎人显示他们比他强大得多。这位猎人自然明白如果他想动武，他会遇到严重的麻烦！

通过创建规则、法律以及一个使其能够得以遵守的力量，人们建设着和平。

警察力量

人类一边放弃使用自己天然本能的武力，一边接受一个超强的力量来缔造和平。这种超强的力量就叫做“公共力量”。今天，在我们的国家里，公共力量的代表就是警察。

当一名警察在街上撞见一个人正在试图偷窃一辆小汽车时，大家都赞同这位警察以其武力制伏这个盗窃犯。警察吹响哨子，拔出手枪，是要让小偷意识到警察的力量。没有任何人会对警察说他不应该使用武力。警察使用的是其他人赋予他的一种权力，这个权力是为大众服务的，是为所有的人服务的。

仍然是这位警察，下班以后回到家里。他累了，想很快就上床睡觉。可是，今天晚上，他的邻居把音响开到了最大音量，确实妨碍了他的入睡。他出去好几次和善地请他的邻居把音量关小一点。但是，邻居却大发雷霆，他告诉这位警察用耳塞把自己的耳朵堵住，他才不在乎警察的疲倦呢！他在自己的家，他想怎么听音乐就可以怎么听。

这位警察真的非常非常恼火，但是，他却没有权力因为他的邻居制造了太多的噪音而掏出手枪。因为这时他是在利用警察的权力解决私人的问题。

面对这种情况，他所能够做的，就是给还在上班的警察打电话，请他们前来解决这个问题。警察们将会赶来，因为有一条法律规定严禁在深夜制造噪音，他们将强迫这位警察的邻居将音量关小，迫使他遵守法律。

我们接受警察动用他们的武力，是因为这是一个公共力量，它迫使人们遵守一个大家共同制定的规则。

强者至上的法则结束了

人类发明了一些规则、一些法律、一个宪法。为了使这个宪法得以遵守，他们建立了警察力量。从今以后，再也没有任何人有权以武力的形式将其决定的东西强加给别人。

就是说为了进入和平状态，人类远离了自己好战的本能。这是一个重大的改变：法律取代了武力，法令取代了强者至上的法则，和平从此得以建立。

在社会中生活

因为有了法律，人类聚集在一起，组成一个个社会团体，从而建立起国家。一个国家就是聚集在一起、居住在同一片土地上并遵守着相同的法律的人群。这片土地有着明确的边界线，标示这个国家的领土延伸到哪里，另一个国家的疆界又从哪里开始。

例如跳鹅棋、小山羊棋还有“独裁者”等棋类游戏都被称为集体游戏。它们都需要多人一起参与玩耍。这些游戏都有非常明确的规则，参与者在游戏前必须阅读清楚。想玩游戏就得接受规则，否则就根本不可能在一起玩。如果一个人作弊或者拒绝遵守规则，结果，要么是他被排除在游戏之外，要么游戏到此结束。

“在社会中生活”也是一样，这是许多人在一起生活，是对规则认识、接受和遵守。否则，人们绝不可能在一起生活。一个社会可以由众多的人口组成，可以几十万，甚至几百万上千万。通过接受和服从同样的法律，人们和平相处。

和平不是从天而降

法国人在自己的国家至少五十年没有过战争了，他们已经不了解战争。许多人自出生以来，每天清晨都是从和平的睡梦中醒来。对他们来说，生活在和平的环境里是如此的自然，所以他们认为和平不可能突然消失！就如同太阳不可能在某一天早晨突然不升起一样。

因为很长时间没有爆发战争，人们以为人类和睦相处是极其自然的。

然而，为了维护和平，懂得和平并不是从天而降的是非常重要的。遗憾的是，人们时常忘记这一点。

一个人走进一家商店时说“您好”；推门进来的时候，如果身后有人，他会等这个人接住门后才放手，而不是使劲摔门以撞到别人；当有人帮助他时，他说“谢谢”。这是一个有礼貌的人。

这是天生的吗？当然不是。

当我们还是孩子的时候，并不是天生就有礼貌，而是经过不断学习才懂得了礼貌。

但是，所有的孩子们都讨厌大人们不断地对他们重复：“说您好”“说谢谢”“说再见”……待人有礼并不容易，它需要持续培养，因为礼貌绝对不可能自然形成。

和平也一样，需要教育和学习，这并不是一件轻松开心的事情。我们必须学习遵守规则，学习服从法律，学会不使用武力。人们只是在事后才会意识到现在就这样做比较好，因为，在舒适的环境中过日子总比相互开战好。

如果我们忘记了这一切，而相信和平会从天而降，那么我们就会忘记随时随地建立和平，那么爆发战争的危险就会重新到来。

一个农民耕好地，撒下种子，就去度假了。六个月以后，他逍逍遥遥回来，却惊讶地发现，地里什么庄稼也没有长出来。这是当然的！他从来就没给种子浇过水，也没有翻过土，更没有锄过草……

人类有时就像这位农民：我们以为不需要努力就能够得到和平，所以，当战争爆发的时候，大家都惊诧不已，难以置信。

在分分秒秒中建设和平

很多人都知道建立和平不是一件一劳永逸的事，和平建立以后，不会永远持续下去。因此，人们想尽一切办法去维护和平，让战争永不降临。

在任何时候任何地方都可以建立和平。它贯穿在我们学习世界历史的过程中，表现在与不同意见的人们的交谈中，还体现在面对不公正所作出的反应中。

在学校有些低年级的学生被高年级的学生敲诈勒索。为了让这种事件不再发生，有一位学生向校长作了报告。这位学生没有对所发生的一切视而不见，而是及时作出了反应，这就是在建立和平。校长找到那帮人，处罚他们并解释处罚他们的原因。这也是在建立和平。

报纸上刊登了一篇文章，建议严禁外国人出入电影院。顿时在社会上引起了强烈反应，数千人写文章表示他们的抗议。这些人在帮助建立和平。

世界各宗教领袖们聚集在一起，谈论他们的共同愿望，探讨各种信仰之间的相似之处，交流对生命重要性的认识。他们用行动告诉我们，即使有不同的看法，我们也能够交流。他们也在建立和平。

为了不忘记历史，人们选择牢记过去：战争结束纪念日的这一天，人们聚集在一起，回顾和反省这场过去的战争。老年人在家中，或者在各种协会组织中讲述战争是怎样爆发的、战争时期的人们是怎样生活的，以及为了避免这场战争当时的人们本来能够作的一些努力……他们在建立和平。

在法国，每年 5 月 8 日这一天，人们停止工作，举行各种活动纪念第二次世界大战的结束。在每个村庄，人们修建纪念碑纪念那些在这场战争中牺牲的人们，以此告诫大家战争依然存在，为了战争不再降临，千万要提高警惕。

在学校里，老师们教授历史，和同学们一起探讨战争爆发的原因，一起思考：还会爆发战争吗？我们应该做什么才能使战争永不降临？他们在建立和平。

否则就是战争

故事发生在一个贫穷落后的国家，在那里许多人没有工作，人民生活在水深火热之中。但是，没有人知道应该做些什么才能改善这种境况。人们是那样绝望，所以他们想象着如果能找出这个不幸的罪魁祸首也许能解释这种状况，也许他们的痛苦就会减轻很多。有时候，当一件事情进行得很不顺利，又找不到解决问题的办法时，我们就希望找出一个罪魁祸首来解释这种尴尬，我们把这个罪魁祸首称为“替罪羊”。这一次，不知为什么红棕色头发的人成了这个国家贫穷无望的替罪羊。也可能是某个人曾经读过一个关于红棕色头发人的故事，说这些人比其他人更富有，或者说他们得了一种传染病，或者说他们曾经都是小偷……

反正莫须有的事情就这样发生了：每个星期都有一次大规模的示威游行，强烈要求警察把红棕色头发的人驱逐出境。甚至连起初根本就不反对红棕色头发的人们也开始动摇了，认为如果红棕色头发的人最终离开了这个国家，那么工作的机会也许会多起来。报纸上和电视上也没有一个人站出来说这是一个愚蠢的行为。虽然有很多人并不同意驱逐红棕色头发人的做法，可是他们没有作出任何反应。因为他们还有许多别的事情要做，而且认为这一切很快就会平息下来的。

不过事情的发展恰恰出乎人们的预料，每个星期都有越来越多的人走上街头游行示威，反对红棕色头发的人。几个月之后，游行队伍变得如此庞大，以致把红棕色头发的人吓得躲在家里不敢出门。只要他们一出来，就有人驱赶他们。战争爆发了。

面对整个事件的发生，没有任何人作出反应，没有任何人站出来反对最初的几次针对有红棕色头发的人的游行。警察本来是可以立刻制止这样的游行示威活动的，因为法律严禁因为头发、肤色的不同而将人们驱逐出境。如果警察力量不发挥作用，国家领导人也不要求国家警察去维护法律的尊严，很显然，这就不是在建立和平了。

如果人类没有强烈的意识去建立和平，那么，就是在无意中准备战争。

国家之间的备战

这是两个毗邻的国家，都想要占领同一片土地，因为在这片土地的下面蕴藏着丰富的金矿。为了解决这个问题，两个国家就像围在羚羊四周的猎人们一样展开了争夺战。最后，战胜国赢得了这片土地。

事实上，国家之间使用武力是极其正常的：国与国之间存在的状态，实际上是一种自然的本能状态，他们时刻准备着迎战对方。当人们拥有一片领土时，就总是担心其他的人来抢走它。于是，他们在边境修筑防御工事，制造各种武器，建立军队，进行战争训练。

自我感觉强大的国家攻打邻国，是为了扩大其疆土；也有一些国家发动战争是为了迫使人们改变宗教信仰；还有一些国家进攻别的国家是为了将那里的人民变成他们的奴隶……即使什么都没有发生，各国之间也都在积极备战，因为它们担心某一个国家会突然发动战争。

和平——如果能解决问题

有一个地处海滨的国家，那里的居民都以捕鱼为生，过着食不果腹的贫苦生活。与其相邻的国家是一个内陆国家，以种植甘蔗为主。人们生产和销售蔗糖，以此换取生活所需的日用品。为了将蔗糖销售到世界各地，他们必须把蔗糖装在船上，通过大海运到各个国家。要实现这一切，首先得将蔗糖运抵一个港口，为此，就需要穿越渔民的国家。

出产蔗糖的国家可以攻打邻国。如果赢了，他们就可以不费吹灰之力穿越邻国直抵海港。但是，这个国家的领导人认为发动战争既劳民又伤财，而且如果大家都去打仗，谁还到地里收割甘蔗呢？他们寻思着怎么做才对自己国家最有利，是与邻国宣战还是同渔民们商谈找到一个解决问题的办法？他们知道渔民的国家需要金钱。那么，为何不付给邻国一笔钱，以便穿越其领土呢？这样的话，两个国家都能够得到好处，又保持了和平：对渔民们来说，其好处是获取金钱；而出产蔗糖国家的人民则可以去收割甘蔗，并通过海港将蔗糖运到世界各地。

对一个国家来说，如果和平谈判可以解决问题，那么就没有必要发动战争。

白　旗

然而，有些时候却什么办法也行不通。因为这些国家的领导人不认为用和平方式能够解决问题。因此，他们不去想办法达成协议，而是相互发动战争。

但是打仗的时候，人们并不能放弃所有的规则。即使在战争期间，也存在着一些规则。

尽管人们互相争夺，互相残杀，但是他们仍然继续遵守着一定的法律。

在正常情况下，当一名士兵将他手中的武器放在地上，双手高高举起以示投降时，敌对的一方不能把他杀死，而是俘虏他把他关进监狱。当一支军队举起白旗宣布投降时，敌方军队应该停止射击。另外参战的军人不能向平民开火，例如孩子或者老人。

即使是在一场战争当中，人们也不能为所欲为。

当人们不再遵守战争规则的时候，他们的所作所为被称为“反人类罪”。就是说这样的人多少在残杀他自己，也如同在残杀整个人类。他的身上除了野蛮，已不再具有任何一点人性。

越来越危险的战争

以前，在战争时期，受到摧毁的是一些村庄，或许是一些城市，也造成了一些伤亡，但从来没有几百万，更不会是整个国家人口的灭亡。然而，今天我们已经无力控制战争所造成的损害了。

两个国家之间爆发了战争。起初，人们只是以粗短的木棍作武器：有些人受伤了，有时伤情可能还会比较严重。有一天，他们有了手枪，战斗结束后，人们收捡伤员，但同时也发现很多人死亡了。后来，士兵们配上了机关枪以及可以投射炸弹的战斗机，成千上万的人死了，这两个国家也几乎毁于战火。

今天，人类发明了极端危险的武器。这些武器可以消灭一个国家，同时可以杀死数百万人口，甚至可能摧毁整个地球。

五、为什么举行阅兵式

2015 年 9 月 3 日，纪念中国人民抗日战争暨世界反法西斯战争胜利 70 周年大会在北京天安门广场隆重举行。国家主席习近平在大会上发表重要讲话。上网搜索并阅读习近平《在纪念中国人民抗日战争暨世界反法西斯战争胜利 70 周年大会上的讲话》原文，再次观看阅兵式，思考中国在这个时间举行阅兵式的意义，并撰写一篇观后感，记录下你的思考。

学习任务

1. 查找工具书，或网上搜索下列词句的出处及含义。

(1)达摩克利斯之剑

(2)“靡不有初，鲜克有终”

2. 根据查找的结果，联系上下文，说说下面这两句话的意思。

战争的达摩克利斯之剑依然悬在人类头上。

“靡不有初，鲜克有终。”实现中华民族伟大复兴，需要一代又一代人为之努力。

3. 为什么要举行隆重的纪念仪式？在文中画出表述这个问题的关键句，然后结合史料谈谈你对这些关键句的理解。

4. 撰写一篇阅兵仪式观后感，记录你的思考。

师生共学

如何写好阅兵观后感

2015 年 9 月 3 日，纪念中国人民抗日战争暨世界反法西斯战争胜利 70 周年大会在北京天安门前隆重举行。各大媒体全程转播阅兵式盛况。在如此激动人心的时刻，你一定想用文字记录阅兵场面，写下心情。那么如何写出一篇与众不同的阅兵观后感呢？

第一，要表达真情实感。在如此神圣庄严的时刻，作为一名中国公民，观看了壮观盛大的阅兵仪式，内心的震撼是不言而喻的。你可以抒发观看时的感情，比如为国力日益强盛而自豪之情。还可以写出你观看时的联想和想象。只要是以真情入文，你一定可以写出打动人心的作品。

第二，要突出细节描写。描写阅兵的场面是必不可少的，如果只用"壮观""震撼""宏大"等形容词，难免有点空洞。你可以具体描绘某几个方阵的队形、步伐、口号等，描绘经过天安门城楼的抗战老兵的神情和动作，描绘观礼台上人们的举止、表情，等等。因此观看时一定要仔细观察，抓住让你印象深刻的细节。

第三，要写出个性思考。仅仅写阅兵仪式现场，势必过于单薄。你可以联系实际生活写观看后的启发，如要为国家的繁荣发展、为实现中国梦而努力。你还可以联系历史、时政，谈谈国家举办阅兵式的意义，谈谈日本、欧美国家对此事的反应，等等。总之，要充分展现出你的高度和深度。

同伴分享

大阅兵观后感《中国的力量》一文，抓住了阅兵式上习主席为什么强调永不侵略、永不扩张这一问题，由此展开思考。作者引入三个史料作为论据，展示了自己在政治、历史方面的思考，有理有据地提出自己的观点。《阅兵，一场战争》一文则抓住了为什么要举行阅兵式这个问题，提出了阅兵是一场宣告中国崛起、捍卫国家尊严的战争的观点。两篇观后记的共同亮点在于能够抓住某个问题（思考点）结合历史深入思考，而不是空泛地谈感受。

中国的力量

孙士喆

如今的中国，早已今非昔比，甲午战争、八国联军的时代已经过去，如今的中国已是世界第二经济大国。然而，阅兵式上，习总书记为什么要强调永不侵略、永不扩张呢？

这一个问题，远在千年前的嬴政告诉了我们答案。当年，秦王扫六合，统一全中国，可谓气势汹汹。明明拥有强大实力，却不再向外扩张，反而修起了万里长城。这件事清晰地表明了中国从古至今都有着"兴国""安邦"的思维，这无疑是给如今主张"中国威胁论"的危言耸听者一个强而有力的反击。

然而一个大国，不思扩张，是否是骨子里的大儒思想作怪？非也。

中国的历史，上下五千余年，能够在历史的长河中“千磨万击还坚劲，任尔东西南北风”，便是因为中国人深知“舌存齿亡”的道理。一个大国，不断地进攻，最后便会像罗马帝国和匈奴帝国一样，看似庞大，却虚弱不堪，濒临瘫痪的危机。亡国，只是如同摧枯拉朽般的轻轻一瞬而已。

所以，中国自古就反对穷兵黩武，从来不是因为懦弱，而是千年的农耕文明早已历练出了一套中国自己的文化模式，向来倡导和平。明朝永乐时期，在朱棣的领导下，中国成为了最为强盛的国家之一，单单是郑和宝船的护卫舰，就配备着全世界最先进的佛朗机炮，不进攻的唯一原因还是——为了和平。

因此，在这次阅兵中，我们不但能看到中国表面的硬实力，更能看出和平共处的外交理念，这才是中国能屹立千年的原因！

我们军队的队伍整齐，那是因为我们万众一心，坚不可摧；

我们军队的口号响亮，那是因为我们心无旁骛，斗志昂扬；

我们的军队军姿飒爽，那是因为我们心无旁骛，静若止水；

我们的军队作风优良，那是因为我们慈悲为怀，善莫大焉！

中国的力量，从不是求一时一地的胜负，而是一个强大的民族，在千年的积淀后，所产生的莫大气力，那就是——敢于呼唤和平，让世界铸剑为犁的力量！

阅兵，一场战争

吴淑颖

说实话，大阅兵上的武器我一窍不通，部队名称说不出，就连军衔也分不清楚。

那么，我究竟在看什么？

是在看白俄罗斯的“小正太”？是在看习大大与众多领导人？还是在看兵哥哥的大长腿？不！我所看到的，是一场战争。

我很好奇在我国举行阅兵的时候，日本人民在做什么。于是我登上了日本第一大视频播放网站 Niconico，不仅有同步直播，而且有多达 8 万人同时在线观看，还有超过 12 万条的弹幕和留言，这令我震惊。中国的大阅兵让全世界瞩目，令全世界关注。我们成了焦点，也成了众矢之的。媒体和聚光灯宛如无数的枪口，直直地对着我们。

那么，我们展出了高科技武器，是要来炫耀国力吗？是要搞侵略和扩张吗？我们要压制别人吗？我想，不是的。以中国现在的综合实力，没有一个国家能在军事上对我们绝对压制。可是我们不能忘了，在175年前我们受到的屈辱，以及我们在那之后百余年所受的苦。

那一年的甲午海战，沉入海底的不只有北洋舰队；那一年的火烧圆明园，化成灰烬的不只有稀世珍宝；那一年的《辛丑条约》，拱手相让的不只有江山……在那之后无数的侵略者开始践踏这片土地。不仅仅是用炮火轰炸着这片拥有5000年历史的文明古国，更残酷的是对这里的人民进行精神上的羞辱。那时候的中国，时时刻刻都在被告知："你们的文化，不行！"

在那抗争的一百年间，以至于现在的中国，仍然在承受着来自四面八方的舆论，时时刻刻都在经历口水战。譬如一部《舌尖上的中国2》竟也能被指认掺杂了"政治宣传"和"统战"的内容。

为什么外国媒体会制造各种各样的舆论？为什么总拿我们这样一个民族说事儿？为什么他们总是急于否认我们的文化？究竟是思维定式下对我们的贬低，还是忧虑我们不断强大而进行的压制？这些我们无法得知，但是我们能够引以为豪的是——中国，没有在乱世中被炮火炸平，也没有在舆论中被口水淹没。

这个受尽苦难的民族的自尊在百年来的复兴中一点点强大。中国没有在混沌中消亡，反而把黑暗的历史记下。习总书记在阅兵当天宣布裁军30万——即使我们有足够的实力，我们也不会去制造战乱。我们不崇尚武力，我们珍视和平，我们都清楚地知道什么是痛苦，我们还在那痛苦中挣扎了一百多年。

我们把武器亮出来，是在宣告我们已崛起；我们举行阅兵，是在提醒自己和国民不要忘记历史。也呼吁世界，将和平的保卫战打到底！

而这场战争，若说我们都是子弹，那么媒体传播则是核武器。中国是强大了，世界看到了，但是不免有各种各样的言论在贬低和不认可我们。我想：一个大国，它要真正地站起来，除了拥有坚强的体魄，还有要十足的底气和内涵。当我们观看这场神圣的阅兵的时候，心中油然而生的是自豪感——为祖国的发展感到自豪，为自己是中国人自豪！我们鼓足了勇气，向世界宣告令我们骄傲的中国文化，向世界宣告中国人民的民族自尊。

这场阅兵，更是一场捍卫祖国尊严的战争。我们在胜利的 70 年以后，让这场战争走向了高潮。它不是要消灭敌人，而是要消灭那些曾经侮辱我们的目光，消灭那些非正义的势力，消灭那些不和平的力量。

当国歌奏响，当红旗飘扬，当白鸽翱翔，当鲜花绽放……当世界的目光聚焦在天安门广场前，当中国人民齐心向往……中国梦，中华民族的复兴梦啊！随着整齐响亮的口号声，随着紧凑的方阵向我们走来。

这是一场永不会停歇的战争，也是一个永不休止的梦。不论是 70 年，700 年，还是 7000 年……它们都会永远回响。

第五课段　抒写战争

前四个课段侧重从阅读的角度引导质疑、思考，重新认识战争。本课段将引导学生消化阅读内容、提升思想，将前面的学习成果沉淀下来，更理性地梳理学习内容、体会、收获，最后完成一篇文章，呈现本专题的学习成果。

首先，根据表格提示，梳理前面的学习内容，完成有关表格的填写，整理战争专题学习成果，思考拓展问题；然后，完成写作提纲；接着，经过交流讨论确定写作方向和中心；接着，经过反复修改完成文章；最后，汇编班级成果集，阅读成果集并和同学进行交流分享阅读体会。

建议用时 6 课时。

一、回顾与拓展

学习任务

1. 完成本节中有关表格，整理战争专题学习成果。
2. 深入思考关于战争的问题，拓展写作方向。

(一)自主梳理内容

下面这张表格是你完成写作任务的基础工作。请根据下表的栏目与提示，回顾、梳理出本专题中那些对你影响深刻的内容，以确立写作的方向。尽量填写完整，可以边填写边翻阅前面所学的内容。

表16 梳理专题内容

项目	名称	理由
令你震撼的文章（不限篇数）		
令你震撼的电影		
获得的新观点		
受益的学习方法		
最感兴趣的问题		
最想研究的问题		

(二)拓展写作方向

在本专题中，我们探讨了有关战争的意义、战争的破坏性、战争的起源、战争的规则、如何消除战争、建设和平等问题，下面继续提出几个问题和写作视角，并推荐相关战争作品，拓展思路和视角，供选择写作方向时参考。

1. 战争话题拓展

(1)战争的破坏性

战争的破坏性、残酷性是毋庸置疑的，它给人类社会带来巨大的灾难，对人性进行毁灭性的碾压。《安妮日记》对此展露无遗，你还可以阅读以下拓展文本，继续探究这个问题。

表 17　有关战争破坏性的拓展阅读

书名	作者	国别	主要内容	评价
《西线无战事》	雷马克	德国	讲述普通士兵真实的战争经历	被称为“所有时代最伟大的小说之一”
《生活与命运》	瓦西里·格罗斯曼	俄罗斯	展现在极权与战争双重碾压之下人性的艰难处境	被欧美书界誉为“当代的《战争与和平》”

(2)正义战争的必要性

我们反对战争，呼吁和平，但是这并不意味着反对所有的战争。反抗侵略、追求国家和民族的独立自由、追求民主的战争是必要的。推荐以下电影。

表 18　正义战争电影推荐

影片名	国别	主要内容	评价
《勇敢的心》	美国	讲述英雄之后华莱士带领苏格兰人民揭竿起义、对抗敌人的英雄故事	一部具有深刻民族主义和政治内涵的史诗巨片

(3)战争中的抉择

当战争来临的时候，是勇敢面对还是逃避？革命和人道哪个至上？人们是否有选择幸福生活的权利？如果是你，你会做出什么选择？下面结合几部经典作品探讨这个问题。如果你没有阅读过这些作品，可先阅读以下文字，然后根据你的兴趣、关注点或写作方向选择一本阅读。

选择一：勇敢面对还是逃避？

杨沫的《青春之歌》中女主角林道静选择了勇敢面对，毅然决然地选择了革命，结果她迎来了光明，收获了幸福。如果是你，你会作何种选择？

老舍的《四世同堂》中祁老爷子的三个孙子在北平沦陷时，对人生道路做出了不同选择：老大妥协，老二成为汉奸，老三则成为革命者。他们为何会做出这种选择？你如何看待他们的选择？

选择二：选择革命还是人道？

雨果的《九三年》中叛军首领朗特纳克成功逃脱共和军后，突然听到三个孩子的母亲痛苦的喊声：三个孩子快要被大火吞没了。朗特纳克该作何选择？他毅然折回来，冒着危险，救出三个小孩，他自己则落到共和军手里。他的英雄行为在共和军士兵中引起了一片欢呼，当他威严地走下梯子时，共和国的士兵们竟敬畏地向后退缩。

共和军特派代表西穆尔丹逮捕了朗特纳克，把他关押起来，准备将他送上断头台。不杀老人、不杀儿童、不杀女人的共和军司令戈万，不愿意处死朗特纳克。在革命与人道面前，他选择人道，释放了朗特纳克，自己代替他关在狱中。

特派代表西穆尔丹是戈万孩童时的老师，与戈万情如父子。是感念师徒之情宽容戈万？还是坚决依法处死他？西穆尔丹不顾广大共和军战士的哀求，坚决执行"任何军事领袖如果放走一名捕获的叛军便要处以死刑"的法令，铁面无情地将戈万送上断头台。就在戈万人头落地的一刹那，他也开枪自杀。

三个人的抉择令人唏嘘不已，对此你有何看法？

选择三：选择什么样的生活？

前方打仗，后方歌舞升平，是大多数人所不能容忍的。人活着常常是为追求幸福生活，但战争来临时，人们是否有享受幸福生活的权利？

列夫·托尔斯泰在《战争与和平》这部巨著中，就带给人们对前方和后方生活的思考。在危急关头，许多来自下层的俄军普通官兵同仇敌忾，浴血奋战，老百姓也主动起来保家卫国。而当莫斯科失守，京城彼得堡的上流社会，照常举行舞会和欢宴。皇太子派、皇后玛丽亚派、法国人派和其他各种派别势力依然明争暗斗，追名逐利。

(4)新型战争

我们不希望有战争，然而未来战争依然会存在。现代战争不再是人力和传统武器的较量，而是高科技力量的角逐。高科技不仅催生许多新型武器，而且大大拓展了战争的形式和空间，愈演愈烈的电子战争、网络战争和太空战争就是新型的战争。琼·约翰逊·弗里泽(美国)的《空间战争》就是一部优秀的关于空间战略的著作。它论述了各国航天政策的变化及影响，探讨美国何以沉迷于发展太空技术，介绍欧洲、中国的太空抱负及如何避免太空竞赛。

有人预言，新型的战争将摧毁人类和平的愿景。对此，你有什么思考？

2. 写作视角的选择

在写作中，可以根据需要选择合适的写作视角。以下提供几种不同写作视角的战争文本和影片，以开阔你的思路。如果学有余力，可以翻阅拟采用的写作视角的推荐作品，关注该视角的优缺点，关注它与你所占有的资料、想表达的观点是否匹配，还要关注它是否能发挥你的写作能力。

表 19　写作视角拓展作品推荐

写作视角	相关作品	相关影片
受害者视角	《安妮日记》	《穿条纹睡衣的男孩》
反抗者视角	《青春之歌》(杨沫)	《勇敢的心》
施害者视角	《东史郎日记》	《南京！南京!》
反思者视角	《南京大屠杀》(张纯如)	《辛德勒的名单》
儿童视角	绘本《铁丝网上的小花》([意大利]罗伯特·英诺森) 《我还是想你，妈妈》([白俄罗斯]阿列克谢耶维奇)	《穿条纹睡衣的男孩》
女性视角	《我是女兵，也是女人》([白俄罗斯]阿列克谢耶维奇)	《大劫难》

二、选题与定向

学习任务

1. 完成写作提纲。
2. 与同学进行交流讨论。
3. 修改写作提纲，确定写作方向和中心。

(一)列写作提纲

根据上一节的梳理回顾，以及对战争问题的拓展思考，确定写作方向，列出写作提纲。

作文题目及要求如下：

以“战争”为话题，撰写一篇文章。文体不限，可以是读后感、观后感，也可以是小说，是表达自己思想感悟的散文，或者是研究某一问题的小论文。字数要求分为三层：1000 字以上，800 字以上，500 字以上。请根据自己的水平进行选择。

师生共学

下面提供两种写作提纲范式，可根据自己的情况选用，撰写一份写作提纲。

记叙文的写作提纲一般要列出标题、中心、事件、分段情况和各段段意。如果是以写人为主的记叙文，要列出人物主要的性格品质，以及围绕人物性格特点所选取的事件，最好注明哪件或哪几件事详写，哪件或哪几件事略写。如果是以记事为主的记叙文，列提纲时一般还要写清记叙的顺序，有的还会标明写作方法和主要使用的修辞手法等。

议论文的写作提纲常常要列出标题、论点、论据，有分论点还要列出来，事实论据则要将事例概括出来。最好注明论证方法，论证的思路也要明确，因为议论文对于文章结构的严谨性要求更高。

表 20　写作提纲示例

记叙文写作提纲	议论文写作提纲
标题：	标题：
中心：	论点：
人物及性格：	事实论据 1：
事件 1(详写)：	事实论据 2：
事件 2(略写)：	事实论据 3：
事件 3(略写)：	道理论据 1：
主要写作手法：	道理论据 2：
	论证方法：

(二)讨论与定向

1. 请在班上汇报自己的写作提纲，并请老师和同学——有条件的还可以请家长——提提意见。

要求：(1)每人汇报不超过 10 分钟。

(2)汇报时要明确指出作文观点，介绍要使用的材料。

(3)尽量使用之前阅读过的材料。可以从阅读材料中提炼出观点，也可以将它作为观点的佐证材料。

(4)提建议要真诚，重点关注二个问题：观点是否准确，材料能否证明你的观点；你的理据能否说服他人。

2. 根据教师及同学给出的建议，修改提纲，确定好写作方向和思路。

(三)典型问题举例

表 21　典型问题举例

典型问题	错例	修改建议
标题太大	标题：战争；谈和平	缩小写作范围，聚焦在某一个问题上
没有扣住话题	标题：人与人之间的美好——信任	思考如何将信任和话题战争建立联系
主题不清	标题：战争给中西方带来了什么？	理清你的主题是什么
写作目的不明确	观点：战争无处不在	想清楚你的写作目的是什么
论据不能证明观点	观点：战争是因为私心邪念引起的 论据：秦始皇焚书坑儒	换一个事例
研究价值不大	标题：二战给安妮带来了什么	建议换掉；或者标题改为《痛苦的蜕变》，叙写安妮在战争中成长的经历
研究问题不好把握	中西战争文化对比	问题较深，学生很难得出超出现有成果的结论，建议更换
范围太大，价值观不好把握	战争的利与弊	分析完利弊后你的结论是什么？建议换掉

三、写作与修改

学习任务

1. 完成习作一篇。
2. 按照要求修改习作。

师生共学

学会修改作文

《义务教育语文课程标准》(2011 年版)提出："根据表达的需要，借助语感和语文常识，修改自己的作文，做到文从字顺。能与他人交流写作心得，互相评改作文，以分享感受，沟通见解。"下面从修改符号、原则、修改内容方面谈如何修改作文。

1. 修改符号

常见的修改符号主要有下面几种，一般在修改纸质文章时使用。

错别字用圆圈(〇)圈起来。

病句则在句子下画横线，句末加上问号。

妙词用三角号(△)表示。

佳句用波浪线(　　)画出。

2. 遵守修改原则

尽量进行软处理，也就是动小手术，改动太大的不如重写。

3. 修改内容

可以从以下方面入手进行修改：关联词使用准确与否，标点使用是否规范，分段是否合理，情节是否真实，是否文从字顺，有无生动性，中心是否突出，等等。如是议论文，还要思考论点有无价值，论点和论据是否准确，以及论据是否能证明论点。

修改示例（括号内文字为教师的修改建议）

原稿：

战争给中西方带来了什么

（选题太大，建议缩小写作范围）

林劭麟

从人类生存到现在，什么都停止过，没有过，但是，只有战争是个例外。（这种说法过于绝对。建议直接表达出你的意思。）

人们多么想弃剑从犁，多么想铸剑为犁，再造田园美丽的风光。可贪婪的恶魔一次又一次地选择了战争，背弃了和平。当一战的硝烟未落（不符合事实，“当”字多余），二战的硝烟又起。当二战的战犯审判还未结束，“朝鲜战争”“越南战争”又敲起了战鼓。1991 年的海湾战争还未在人们的记忆中褪色，1998 年美英的飞机又再度飞临中东的上空……不论是胜利的国家，还是失败的国家，战争给他们带来了什么？

看完了《巧奔妙逃》这部电影，最初，它带给我们更多的是欢笑，之后，我没有多想，就误认为它是一部喜剧片，只是其中参杂了一些关于战争的成分。（“参”为错别字）战争，有些人认为，它不仅仅是战争，而是人类意志力、智能、体能最大限度的表现，是革命者的狂欢节。而这部影片，却没有什么太多打斗的情景出现。（这段怎么突然转到电影来了？与上文脱节了。）

通过这次战争专题的学习，通过老师给我们看的资料，有一段话出自《悲欣何时交集：当代中西战争文化心理比较》，内容是这样的（这个句子不通顺）：中国人虽然在那场战争当中付出了巨大的代价，但是，我们身上却看不到受害者的阴影，我们对那场战争始终充满着胜利者的自豪之情。因为看了这段话之后，我又去细细地反思了《巧奔妙逃》这部电影，把它当成一部战争影片看了一遍，后来我明白了。

原来，《巧奔妙逃》这部电影是让我们在笑声中去反思，而不像国外的某些影片去渲染沉重、严肃的气氛。实际上，这部影片就是战争影片。（从这里看出这几段你想探讨的问题是：《巧奔妙逃》到底是不是战争影片。请思考讨论这个问题的意义在哪里？与主题有什么关系？）

结合一些国内的文本以及影视片，我认为战争虽然在物质上给中国带来了极大的危害，但在精神上却没有打倒我们中国人，他们没有受到战争失败的影响，(这话过于绝对)而是更加乐观地去看待战争，去积极努力地改变自身的原因(表意不清)。而对比国外的一些文本，包括这单元的一些课文在内，它们是过多地描写、渲染了战争的残酷。“在苏联和西方战争文学中，战争是瘟疫，是死神，战争夺走了和平与幸福生活，战争是一座城市一座城市地毁灭，是一寸国土一寸国土地烧。”它也是出自《悲欣何时交集：当代中西战争文化心理比较》这篇文章中。(文中多次出现引文，引文使用及表达不规范，请翻阅笔记中有关规范使用引文的内容。)西方战争文本它们过多地渲染了这种沉重的气氛，让读者看着看着就有一种莫名的伤感。但是，西方战争文化却有一种独特体现——在残酷的你死我活的战争原则之上，还有一个至高无上的人道主义原则，这样描写非正义的地方，在中国当代战争文体中一般不会出现。

通过这次的战争专题的学习，我收获颇丰。(这不是反思，这样的语言建议删去。)当我们在看待一些战争文本时，要把心态摆正，绝不能抱有偏袒一方的心理去看待。同时，也希望世界不要再发生战争。海晏河清，人们世世代代的追求。可是，何时才能够海不扬波？何时才能够海水清流？何时世界人民能够安居乐业，而不被战争的阴影所笼罩？那些拨动国家机器的穷兵黩武者，放下你们手中的屠刀，让和平鸽飞遍世界，让橄榄枝插遍世界，染绿世界！让我们铸剑为犁，让世界洒满和平的阳光，让人间充满爱意！(从“海晏河清”至结束这部分文字似曾相识，请修改。)

【修改建议】文章标题是《战争给中西方带来了什么》，可是全篇却在说中西方对于战争描写的不同，主题不清晰。建议重新理清主题，在一些段落的开头可以先点明观点或使用小标题，使文章结构更紧凑，观点更鲜明，避免跑题。

改稿：

我看战争影视作品

林劭麟

从人类出现到现在，战争的硝烟从未停止过。

人们多么想弃剑从犁，多么想铸剑为犁，再造田园美丽的风光。可贪婪的恶魔一次又一次地选择了战争，背弃了和平。一战的硝烟散去不久，二战的硝烟又起。二战的战犯审判还未结束，朝鲜战争、越南战争又敲起了战鼓。1991年的海湾战争还未在人们的记忆中褪色，1998年美英的飞机又再度飞临中东的上空……不论是胜利的国家，还是失败的国家，战争给他们带来的都是无尽的伤痛。这一点毋庸置疑。那么，中西方的战争文本和影视作品又是如何展现战争的呢？

中国作品：在笑声中反思战争

在战争专题开始前，我看了《巧奔妙逃》这部电影。最初，从它身上得到更多的是欢笑，便认为它只是一部普通的喜剧片，只是其中掺杂了一些关于战争的成分，战争只是故事发生的背景而已。

但是通过战争专题的学习，通过阅读有关战争的资料，我发现自己错了。程少堂老师的《悲欣何时交集：当代中西战争文化心理比较》犹如醍醐灌顶，敲醒了我。“中国人虽然在那场战争当中付出了巨大的代价，但是，在我们身上却看不到受害者的阴影，我们对那场战争始终充满着胜利者的自豪之情。”看了这段话之后，我又细细地反思了《巧奔妙逃》这部电影，后来我明白了。

原来，《巧奔妙逃》这部电影是让我们在笑声中去反思，而不像国外的某些影片着力渲染沉重、严肃的气氛。实际上，这部影片就是战争影片，它所给我们的，就是在面对困难时，要保持积极向上的心态。

不仅《巧奔妙逃》如此，一些国内的战争文本以及影视作品，比如《芦花荡》，并未直面战争的血腥，而是更多地展示人类在战争中的美好品行——勇敢、机智、不屈不挠等。

我认为这样做无可厚非。因为战争虽然在物质上给中国带来了极大的危害，但在精神上却没有打倒我们中国人，长久以来，我们学会了在战争中反思，学会了不屈不挠的精神。

西方文本：真实再现战争残酷

国外的一些文本则真实地再现了战争的残酷，展现了战争中美好的人性，直接表达了对战争的唾弃。《蜡烛》《亲爱的爸爸妈妈》《就英法联军远征中国给巴特勒上尉的信》就是典型的西方战争文本。“在苏联和西方战争文学中，战争是瘟疫，是死神，战争夺走了和平与幸福生活，战争是一座城市一座城市地毁灭，是一寸国土一寸国土地烧焦。”（引自《悲欣何时交集：当代中西战争文化心理比较》）西方战争文本真实地展现了战争带来的这种沉重的气氛，我们中国的文本却抹杀了这一点，涂上了戏剧性的色彩，不明真相的人们误以为战争是一件多么好玩的事！

在展现战争残酷的同时，西方战争文化有一种独特体现——在残酷的你死我活的战争原则之上，还有一个至高无上的人道主义原则。比如《信任的境界》《九三年》等作品就将人道精神摆在了第一位。而这样的内容，在中国当代战争文本中一般不会出现。

尽管中国与西方战争影视作品在展现战争的内容和方式方面差异很大，但是大家呼唤和平，反对战争的期望一定是相同的。但愿世界不要再发生战争，希望我们生活的世界能真正成为充满阳光、鲜花和爱的人类家园，让我们铸剑为犁，让世界洒满和平的阳光，让人间充满爱意！

【教师点评】经过修改，文章的主题鲜明了，结构也明晰了。对于尚未正式学习过议论文写作的初二学生，能完成这样的文章已经不容易。当然，文章仍然显得单薄，思路不够开阔，一些读过的文本没有用上。对所使用文本的分析也不够透彻。

四、汇编与分享

学习任务

1. 汇编班级专题学习成果集。
2. 阅读班级专题学习成果集，交流、分享阅读体会。

(一)汇编成果集

为班级汇编专题学习成果集，任务及完成步骤建议如下：

一，成立编委会，设置校对组、编辑组、美编组等，每组人数控制在3～4人。校对组分一校、二校、三校。编辑组和美编组要提前熟悉内容。

二，收齐稿件后，校对组校对文字，至少完成三次校对。文字有问题的可与作者或老师联系。

三，编辑组对稿件进行分类，按一定的顺序编排。可以根据稿件的内容分类编排，也可以按照稿件上交顺序编排。编辑时尤其要注意统一字号字体。

四，美编组设计封面，为成果配上合适的插图。该步骤可以与第三步同时进行。

(二)阅读与分享

成果集汇编完成后，可以统一印刷，或者将成果集电子版发至班级 QQ 群，同学可下载阅读。建议用课上一节课时间进行阅读。如果是课上阅读，因时间较短，无法全部看完，建议先阅读序和目录，再阅读自己的文章，最后阅读好朋友或你感兴趣的文章，课后再阅读其余文章。

阅读时思考以下几个问题，然后和同学进行分享。

1. 回忆你写作时的想法，现在阅读后有什么新想法？
2. 你感兴趣的文章是哪篇？是什么引发你的兴趣？
3. 分享参加战争专题学习的体会。
4. 成果集还存在哪些问题？你有何建议？

4 专题评价

专题回顾

学生成果

师生反思

专题回顾

在战争专题中，你阅读了哪些作品？观看了哪些电影？你的成果是什么？你有什么收获？你还有什么问题想继续探讨？可以用表格进行梳理，也可以撰写文章进行回顾。

同伴分享

下文回顾了学习战争专题的全过程，记录了在阅读文本和观看影片后产生的疑问和思考，并不断与学习之前的认识进行对比，从而表达出自己学习的收获。作者能清醒地意识到自己学习之前的不足以及学习之后的变化，这就是成长。

捍卫和平是战争的前提

王南燕

在古往今来数不胜数的战争中，有国家之战，有民族之战，有世界之战，有个人之战……然而这些战争都有一个共同的特征：野蛮。

在学习战争专题之前，我只是在电视剧里面看见过敌我之战，最普遍不过的就是用武力解决问题，机枪一扫，满城血雨腥风，因此我看得义愤填膺：为什么要杀戮？为什么只是简单地掠夺物质却要用这么野蛮的方式？我要和平！

但是和平的概念在我的脑海里太空洞了，我并未真正理解和平的奥义。这次战争专题的学习，让我认真地思考了如何看待战争以及和平问题。

在学习初期，我阅读了我国一些当代战争作品。这些文本主要展现了两方面的内容：一方面，我国的八路军战士以及志愿军十分英勇，誓死抗敌；另一方面，敌军狡猾卑鄙，残忍至极。我看得热血沸腾。

紧接着，我观看了电影《巧奔妙逃》，电影中喜好音乐的敌军被中国农民耍得团团转，我不禁捧腹大笑。这与《举起手来》系列电影是一种风格的。但是我明白，真实情况绝不可能这么轻松有趣，因为战争是残酷的。比如这部电影还体现出战争对个人的影响——战争可以使一个人的梦想中断，可以使前程尽毁。

《集结号》里体现的东西就截然不同。它体现了一种战斗到底的坚毅精神，让我感受到每一个牺牲都是那么伟大。这是民族的力量，国家的信仰。但是最后的残局也证实了战争对国家的影响——伤亡惨重、民不聊生。

我想，是多大的仇恨能让尸横遍野？又是多大的怨气能让血流成池？难道战争中就无法有和平吗？难道和平就不能影响战争吗？

阅读完国内关于战争的文本，我又把视线转向国外。首先我看了《安妮日记》这本书。书中虽然没有花太多的篇幅描述纳粹军官的残忍和犹太人的苦难，但安妮纯真感情的流露让我感受到了那个时期的残酷。再后来是《美丽人生》，它同样描述了犹太人的悲惨命运。但是在影片中，我看到了更多温馨和谐的景象，哪怕是濒临死亡也毫不畏惧地微笑，最后我没有因纳粹的无情而恼羞成怒，我因战争中亲情的温暖而感动。

由此可见，国内和国外的战争文本同样是描述战争，角度却不一样。我国的文本倾向于描述战争的过程，国外的文本更多地以不同的视角来描述战争。但是它们都有一个共同之处：都体现了战争的残酷。

在战争中，山河破碎，妻离子散，是每个人都不愿意看到的。因而我们需要和平，崇尚和平，信仰和平。

于是新的问题又来了，我发现，战争并不全是野蛮的，和平仍然存在于某些战争中。

在文章《信任的境界》中，异国士兵相遇，放下枪，像好朋友一样谈天说地。这不正是和平的景象吗？这种和平是令人敬佩的。虽然国家之间交战，但是如果人与人相遇都要决一死战的话，那将是人性的彻底沦落。

为什么要打仗？因为想要掠夺资源，因为种族歧视，因为……战争的根源就是人性的沦丧。

你忍心看着苦痛遍布整个大地吗？你忍心听着哭声延绵不绝吗？你忍心打破人们平静的生活吗？你忍心把原本平静祥和的大地变得乌烟瘴气吗？

不忍心。

通过这次战争专题学习，我对战争有了更彻底的了解，也把和平深深锁在了心里。国家与国家需要互帮互助，友爱共存，同样生活中也需要互帮互助，达到和平一体。人与人之间和平了，国家也就安宁了。我们是文明人，生活在文明的世界，当战争即将爆发时，请好好反思一下这场战争的意义。

生活中也是这样，当一场小战争即将爆发时，请用和平的标尺衡量一下，说不定是可以和平解决的，用武力来解决未免太冲动了些。

在今天，作为祖国领军人物的我们，更要坚持和平的理念，杜绝不和平现象的发生。但是如果国家的主权被侵犯，中国的统一被破坏，我们一定拿起武器义无反顾地奔赴战场，为正义而战，为和平而战。

学生成果

战争这一话题打开了学生的思维。他们中有的想象、描绘战争中或感人或残酷的画面，有的叙述与家人探讨战争问题的过程，有的回忆祖辈抗战的故事，有的论述战争的价值与意义，还有的探讨中国战争影视存在的问题……学生呈现的内容丰富多样，而呼唤和平、热爱和平的主题却是一样的。

爱得沉痛

张伟鹏

清晨带来的阳光并没有照亮这冰冷的牢房。角落中小姑娘依偎在母亲的怀里，轻轻地喘息着，她还没从刚刚的吵闹中回过神，母亲脸上呆滞，嘴中轻念着："……不会的……我们不会分开的，一定不会……"门外传来了整齐的脚步声，在编号06的门前停了下来，怒吼着："集合!"母亲将小女孩抱得更紧了，房间里的其他人机械地起立排成队往门外走去。队伍中有妇女，有小孩，在门口被分开，冰冷的枪管指向角落："快，入队!"母亲的手就好像铁栓般牢牢地锁住了她，只是哆嗦着念着一个名字，那个已经死去的丈夫的名字。母女的无动于衷激怒了恶魔般的纳粹兵。母亲艰难地站了起来，她深邃的眼睛望着队伍，短短的几步路，却如同漫长的大道，只不过大道上没有太阳也没有光彩。

"记住，别到处乱跑，别招惹那些魔鬼，等着我，我会回来找你的。"

"妈妈你去哪里？为什么不带上我!"

"去找你爸爸，他在很远的地方，路太远……你在这等我!"女孩看着母亲，说："那你一定要回来找我!"恶魔的手抓向了小女孩，把她拉到一边。望着远去的母亲，她轻哼着母亲教她的那些童谣，望着自己光溜溜的脚。小女孩幻想着，母亲回来的那天，会给她带一双小红鞋，这样，就不会在这肮脏粗糙的地上擦出血来。

又是一个清晨，角落里的女孩发出了微微的鼻息，她的脸上带着笑容。若是仔细看，小女孩的脚却和她白皙的皮肤十分地不搭，上面布满了裂痕，细长而又可怖。昨日又有人被带走了，也有人被带回来，但是，女孩并没有看见那熟悉的身影。和每日一样，她趴在囚室的小窗上望着外面的天空，哼着找不着调的曲子。

一个星期天，天空昏暗得仿佛被纸罩着，没有颜色。空地上，深深的坑显得那么突兀，也许也只有乌鸦愿意在那上空盘旋吧。队伍里，走着这样的一个女孩，如同一朵洁白的花朵望着远方，她已记不清她等待的那个人的模样了，但是她坚信，有一天，母亲会来把她带走，去一个无忧无虑的地方。又或许这只是一场残酷的梦，只要醒来……短短的几步路，却又如同昏暗无色的大道……

人们一个接一个地被恶魔残酷地推下深坑，当一个恶魔伸手要将小女孩推进深坑的时候，她睁大漂亮的眼睛对恶魔说："叔叔，请你把我埋得浅一点好吗？要不，等妈妈来找我的时候，就找不到了。"恶魔伸出的手僵在了那里。一句来自死神的话，连接着小女孩的灵魂……记住这个星期天，一个暗淡无光的黑色星期天。

痛

——两代人谈战争

吴淑颖

今年1月，去了趟哈尔滨。父亲问及最难忘的事是什么的时候，我毫不犹豫地答道："参观'日军七三一部队遗址'。"在此之前，我对那地方毫无了解，我认为，我所知道的最惨绝人寰的，仅仅是南京大屠杀，仅仅是纳粹屠杀犹太人。而当我目睹了遗址内陈列的罪证，浏览了一系列相关资料——骤然间沉默了：五脏六腑仿佛拧到了一块儿，心底的一阵冰冷很快地通过血液流经全身。在展厅里行走的每一步，都是那样艰难，踌躇。寒冷的空气好像凝固了，压得人喘不过气来。同时，喉间还有口咽不下去的气，胸中还有一束燃起的火——愤怒，悲怆，我将满腔的话倾吐给父亲，父亲微侧着头，没有打断我。

父亲不是话多的人，常常是充当倾听者的角色，然而关键时刻蹦出两句话，可谓精髓。能让他亮起眼睛，说个不停的话题，也就只有时事、军事与历史了。当他霸占电视的时候，客厅里充斥着政客们热火朝天的声音……吃饭的时候，只要是他开了口，餐桌也成了“战场”，谈古论今头头是道。

一晃，10个月过去了。有一天，我与父亲一起观看有关二战战后的纪录片。影片还没开始，脑海中便浮现出战场上血腥的画面：尖锐的刺刀划破胸膛，暴走的子弹在空气中横冲直撞，瓦砾下苟延残喘的人精疲力竭地想要爬出死亡的深渊……越想越来气，越是按捺不住愤怒的情感，在心里不停地责备、咒骂着侵略者们。

出乎意料的是，这并不是一部令人感到义愤填膺的纪录片，而是一部忏悔录。是曾经的战犯们的忏悔和觉悟……他们放下屠刀，袒露出炽热的心，回到曾经的战场，来到受难者的身旁。然而，我却迷惑了——他们拥有改错和忏悔的权利，我记住的，应是仇恨吗?

“爸，你说，对于战争这玩意儿，要不要把仇恨放下啊?”我期待父亲能给我一个答复，一个能让我平衡的答复。

父亲从沙发缝里抽出遥控器，将音量调小：“记仇，太肤浅了。人人都记仇，早晚还得继续打。”

“那你说要记什么嘛。”我像个幼儿园的小孩子，缠着他刨根问底。

“也不能这样问吧……”父亲稍稍犹豫。

“换个说法吧，那不该忘什么，该忘什么?”

父亲沉默良久，我也垂下头去。这并不是个好回答的问题。

“那……‘最忘不了什么’呢。”父亲干哑的嗓音，划破了寂静——

父亲抛给我的问题，一下子又唤醒了我的记忆。哈尔滨的纪念馆里一张张黑白照片，是写不尽言不尽锥心般的疼痛。久久忘不了我所看见的横尸遍野，忘不了鲜血，忘不了一片片废墟，忘不了生离死别，忘不了呼唤和平的呻吟……

“痛!”我与父亲异口同声，铿锵有力地喊了出来！两人脸上写满惊异，微微咧开嘴展露笑容，父女间的默契便是如此。

脑海中浮现的是尸横遍野，是血肉之躯染红家园的情景。我仿佛站在废墟中，眼见着缺胳膊断腿的人失魂落魄地从我面前浮游而过，眼见着才几岁的孩子满是伤痕地从尸体下爬出，眼见着老人家跪在血泊旁啜泣……而站在一旁的我却什么也不能做！只能任凭泪水溢出眼眶。倒在身旁的若是我的至亲，或是深爱的人……不敢再往下想了，也不知道该怎么想下去。骨肉分离的感觉，我没有经历过；通过阅览过一份份战争历史资料，又感同身受。战火烧尽了幸福的新芽，留下苦难的灰烬。每一场战争，都是一场浩劫，都需要付出代价——付出安逸，赌上性命。即使我没有正面接触到战争，但是它对于我来说，是一段被血洗的历史，是一段被伤疤填补的回忆，时时刻刻刺痛着我的心。

“但是，伤痛，并非全部是受害者的。”父亲不紧不慢地缓缓说道，“也有蛮多人开始反思的。”

“可是……”我话音还未落，父亲示意让我继续看纪录片，稍后再发言。

影片中，一位满头银发、西装革履、戴着高度老花镜的老年人，庄重地在墓碑前献上花圈，并深深三鞠躬。老人摘下眼镜，细细端详墓碑上的字，神情越来越凝重，眼角竟泛起了泪花。他是一位日本老兵，曾经参加过侵华战争。此刻，他愿意回到这里，正视历史，忏悔罪过。他不停地说着——对不起，对不起，我有罪，向中国人民郑重道歉……语无伦次，却饱含歉意。不只是他，许许多多的日本老兵重新踏上中国这片热土，表示深深的歉意，忏悔过去。也不只有日本，在德国，总理勃兰特在零下十七摄氏度的寒风中跪在犹太人死难纪念碑前谢罪。面对 600 万犹太人在二战中被德国法西斯杀害的事实，罪恶感和负罪感占据了他。身为总统，他愿意代表政府，向受难者谢罪。在全世界，越来越多的人开始正视历史，直面错误。

骤然间身体颤抖了一下，竟不知道该说些什么。多少年来，我所憎恨的他们，也有无法忘记双手沾满鲜血的时候，无法忘记以致夜不成寐的时候，无法忘记给他人的伤痛……对于这位日本老兵来说，是上千个日日夜夜的不安，迫使他回到这里；对于勃兰特来说，是满腔压得让人喘不过气来的负罪感让他有了这个出人意料的举动；对于还没有泯灭人性的人来说——给无辜的人伤害，亦是对自己良心最大的伤害。

父亲见我良久不语，缓缓地说：“所以说啊，不管是我们，还是他们，以至世界……都忘不了痛啊……”

我曾经把愤恨的矛头指向发动战争的人，我痛恨他们带给世人的苦难，痛恨他们发动战争，痛恨他们只为了一时的利益而不顾他人性命地疯狂厮杀！而此刻，再回首这段历史，才发现我起初的想法太过偏激，缺少理性。若我的胸腔中只是满满的愤愤不平，而忽视了受过的屈辱与苦难，便是真正的本末倒置。而我此刻才真正领悟：该咽下苦难与疼痛。父亲一点拨，我如释重负，便不再纠结于恨与不恨，该忘与不该忘。经历过的苦难时刻在提醒着人们——世界不能再有战争了！

在我与父亲的身上，都背负着这样的痛。它凝聚着民族，凝聚着我们的心。它时时刻刻告诉我炮声与烽火有多可怕，告诉我屠刀有多么冷漠，告诉我光明有多么来之不易，告诉我动荡的历史与民族的坎坷之路！和平，多么简单的两个字，却是要全世界几十亿人来共同维护的。战争，同样是明了的两个字，却是所有人永不忘怀的沉痛记忆。

夜深了，父亲又将电视声音调小了些。调换到了他平日里最爱看的新闻频道，眼睛瞪得圆溜。我刚要开口说话，又被父亲制止了。

万古长青

王南燕

我有冬青，万古长青。

——题记

每当我回到故乡的小屋旁，映入眼帘的总是那棵饱经风霜的冬青树。它的身上布满了深深的勒痕，显得斑驳而无力。但是，在它那残缺的断裂的枝头，依然冒出了新芽，青翠欲滴。

这棵树的历史，可以追溯到抗战时期。它，这棵坚忍不拔的树，见证了那个时代的铮铮铁骨。

1940年，冬季，大雪纷飞。

那时候的奶奶才5岁，却已能够帮着家里做一些基本的活。捡柴，烧火，种菜，样样不在话下。奶奶说，那个时候那座破旧的小木屋前，已经有了一棵冬青幼苗。据说是太姥爷特意从半山腰移植过来的。虽然当时是寒冷的冬季，但那棵幼小的冬青还能冒出一点点芽尖儿，让太姥爷很惊喜，他说，这树可好，能吃苦。于是，他们就一直养着它。

奶奶家在偏远的山区，并不是很富裕，但是能让全家人吃饱饭，这就够了。偶尔有日本人的小分队过来，但也只是掠夺民脂民膏，很少造成实际性的伤亡。他们的日子看起来平静而祥和。

1942年，他，来了。从此平静被打破。

一天太姥爷去深山里捡柴，碰到一个衣衫褴褛、腿上还有枪伤的青年。青年自称是八路军，请求太姥爷收留他。太姥爷当时对于日本人的侵略义愤填膺，于是，充满正义感的他毫不犹豫地带这个青年回家了。这个青年在太姥爷家中养好了伤，时间一晃，半年就过去了，那棵冬青也成长了不少，有屋檐那么高了。太姥爷很喜欢看着那棵树，常常出神，他也常教育自己的儿女：要像树一样会吃苦，才会长大。

某一天，日本人照例来收粮，但是，这一次似乎出动了装甲车，来势汹汹，震动着的黄土路灰尘漫天。太姥爷说，他们来抓这个小伙子了，这个小伙子是八路军，绝不能落到他们手里。于是他让这个青年先从后门逃跑，跑到山上去，越过山，就安全了。直到这个青年的背影消失在层林尽染的山峰中，太姥爷才不急不躁地走出门去。

领头的日本人板着一张脸，拖着两撮小胡子。门口的老黄狗威胁性地冲他叫了两声，他皱了皱眉，瞬间佩刀出鞘，一刀刺死了看门的老黄狗。他示威性地瞪着太姥爷。随后，他注意到了门口枝繁叶茂的冬青树，嘴里嘟哝着什么，重复了刚才的动作，将冬青树拦腰截断。翠绿的树枝像绿色的海洋倾泻到了地上，甚是壮观。

这下，他满意了，手一挥，带着队伍在太姥爷家开始地毯式的搜索。

然而他们寻找的那个人，早就逃跑了，这样的搜索注定无果。太姥爷自始至终默默地看着他们的一举一动，一句话也没有说。

鬼子没有找到，自然不肯善罢甘休，又是领头的那个人，用不标准的、极为难听的中国话说："他，在哪里?"

太姥爷瞟了他一眼，又把头别过去："不告诉你!"

鬼子恼怒至极，一个巴掌打在太姥爷脸上，"你的，说不说!"

太姥爷虽然倒在地上，但还是不屈服，"不说!"

鬼子几乎把所有办法试了个遍，但太姥爷还是无动于衷。他们终于不再坚持了，只是带走了太姥爷。

此后的一段日子里，奶奶他们的日子都笼罩着灰色。家里的顶梁柱被带走了，树倒了。

那些郁郁葱葱的树枝早已腐烂在地里，唯有一个圆滚滚的树墩，极为醒目。

那个青年没有回来过。

1945 年 8 月 15 日，是个举国欢庆的日子。

日本正式宣布无条件投降，这对于深受压迫的人民来说，是何等幸事！但是，奶奶他们高兴不起来。3 年了，树也重新冒出了枝桠，获得新生，但是太姥爷他没有回来。

这时，村里一群爱唠嗑的大妈从家门口经过，看见了郁郁葱葱的冬青树，不禁赞叹："多好看的树啊！"

"树都有春天，咱们国家也迎来春天了！"

"听说咱们村伤亡最少啊！"

"瞎说！你没听说啊，小六(奶奶)他爸早些年被日本人抓走了！我听说啊，他是被抓去做生化试验了，唉！"

"啧啧，真可怜！"

"……"

奶奶他们自然是听到了。

只是他们不相信太姥爷会轻易地离世，因为太姥爷在的时候经常告诉他们要吃苦，树都能吃苦，人怎么就不能吃苦了？他们坚信，太姥爷总有一天会回来的。

一年年过去，冬青一年年茂盛，有碗口那么粗了。

1949 年，新中国成立了。

全村再次洋溢在自豪和喜悦之中，只是太姥爷依旧没有回来。

时隔许久，有人告诉太姥姥，太姥爷在很早以前被鬼子抓去生化实验室，他受尽了各种折磨，始终宁死不屈，不幸离世。

太姥姥颤了颤，轻声说："儿啊，把门前的冬青砍了，去送你爸爸吧……"

多少年以后我再次站在这棵树下，两道明显的砍痕留在上面，枝叶却十分繁茂，几乎可比参天大树。太姥爷能吃苦，冬青也能吃苦。我想，这棵冬青应该就如同太姥爷的意志，不屈不挠，在逆境中毫不言弃，反而更旺盛地生长。纵然太姥爷已不在了，但是还有这棵树在，还有他的精神在，我坚信，这百折不挠的精神会随着这棵树永在，这铮铮铁骨的本质会万古长青。

我有冬青，

万古长青。

师生反思

一、教师反思

1. 专题学习历程回顾

接触到专题学习之后，我参加了三次系统的培训，完成了三个专题的设计和操作。经过学习和实践，我深刻意识到自己之前在教学上存在的问题。表现如下。

课堂教学碎片化。以前我只专注于研读单篇课文，跟着课文走，课堂教学缺乏系统性，传授给学生的东西常常是碎片。这样教学看似面面俱到，各种能力、知识技能和情感目标看似都达到了，但是由于缺乏整体规划，过于零碎，学生容易遗忘。而专题学习则让学生读整本的书，学生的认识和学习更加系统、深入。

课堂留给学生阅读的时间少。在教学中我发现学生的习作普遍题材单一，内容陈旧，甚至常常无话可说。作为语文老师，我清楚地知道这很大程度上是因为学生积淀不够，阅读面不够广，深度也不够。之前我常把原因归在学生课外阅读量不够，现在看来这话似乎有推脱之意，好像阅读与课堂无关，是课外的事。专题学习则主张将课堂还给学生，将阅读还给学生，学生可以用课堂的时间阅读，可以自由控制阅读进度，那是何等幸福的事。

读和写结合不够紧密。以前我布置学生写文章，常常是由我出题目(或话题)，学生或当堂或课外限时完成。作文题目与单元主题阅读有时会统一(即使统一也会出现阅读积累不够、思考不够深入的问题)，但有时相关度不够大，甚至会带有随意性。这种情况导致学生写作时问题百出：无话可说，“挤牙膏”现象随处可见；思考不够充分，因为时间紧、下笔草率；同伴的互助作用没有充分发挥……而专题学习则围绕某个专题引导学生在大量阅读、充分积累的基础上写作，读和写紧密结合。学生胸中有“墨水”，下笔自然“有神”。

基于以上认识，我带领学生开始进行专题学习的尝试。我们完成了“什么是真正的英雄”专题学习，汇编了班刊。学生阅读班刊之后，在回顾小结、谈感受时，他们畅所欲言，热情洋溢。然后进行了战争专题的学习。战争专题进行得更为流畅，读书活动、小组活动开展得有声有色，文本解读较深刻，有思想有章法，给学生较大的触动。战争专题完成后则进行了星新一《喂，出来》小专题学习，学生在“人与自然”主题之下，在科幻小说的创作上做了大胆尝试，创作了不少优秀的作品。

2. 战争专题学习反思

2015年是世界反法西斯暨抗日战争胜利70周年。9月3日，是中国法定的“中国人民抗日战争胜利纪念日”。在此之前，即2014年12月13日，国家举行了南京大屠杀死难者公祭日纪念活动，党和国家主要领导人出席，南京全城默哀。为什么要隆重举行纪念活动？阅读战争文本、观看战争影视作品有何意义？如何引导学生认识战争，将捍卫和平的种子播撒进每个人的心中？基于这样的考虑，我设置了战争这个专题。

在专题学习中，我以单篇战争文本为起始点，在此基础上进入主体阅读，在充分阅读之后对战争进行理性的思考，最后形成对战争的认识。学习的方式包括阅读、积累、写作和举办语文活动（观看影片、读书交流、撰写墓志铭等）等。在整个专题的学习过程中，想方设法发挥学生的主体作用，拿出课堂的时间让学生沉下心来阅读，让学生充分地阅读、讨论、交流分享等。

本专题阅读量较大（约30万字），书写作业也不少。在开始专题学习之前，我十分担心学生不读或不完成作业。因为在我带学生做这个专题之前，学生不交作业、作业应付了事的现象一直困扰我。而进行专题学习对学生的自主学习要求较高。但实施这个专题时，我的困扰竟然减少了许多。其实我布置学生写的作业并不少：观后感至少2篇，读书笔记至少5页，思考感悟至少8次（每次200字以上），学习成果1篇。可喜的是学生们表现出极大的热情，所书写的文字大大超过要求。写思考感悟给的格子（10行左右），有的学生甚至不够写，还贴了纸附在旁边；平时作文要求不少于500字，交上来的很多文字都超过了1000字。我想，当遇到感兴趣的话题或者学生的表达欲望被激发时，老师的困扰也就迎刃而解了。这就是专题学习的魅力，这就是思想的力量被激发的结果。在一个教师节我收到年段“学霸”吴淑颖的贺卡，她说“喜欢老师的上课方式”，那时还不知道她指的是什么。而某个节日她在给我的贺卡中直接呼吁："再来几次专题学习呗！"我终于明白了她对专题学习的热爱。

3. 专题学习收获盘点

整个专题进行下来，我觉得真正实现了师生共成长。

教师的成长体现在以下两个方面。

一是更新了观念，增强了对学生的信心。在进行专题学习之前，我有许多疑虑，给自己设想了许多拦路虎，比如，老师讲课少了，学生自主学习时时间多了，学生和家长会不会有意见？学生能不能买齐书？阅读时学生会不会不专注？学生是否会借此机会放松自己？但是整个学习过程算是比较顺利，没有遇到之前设想的障碍。从这点上来看，我发现改革最大的障碍在于观念。作为老师，我们总是不放心学生，放不了手，觉得老师讲了学生都不听，或者听不懂，更别提让他们自己看书了。因此我彻底改变了观念，增强了对学生的信心。

二是将自己有限度地解放出来，将备课的重心转移到教学内容的选择上。一个初中语文老师，一周有六节课，每天都必须备一堂新课，这种工作量是比较大的。为了备出有效、有趣的课，我要花大量的时间阅读教学设计，写教案，做课件，在教学方法和教学手段上费尽心思。但是现实很残酷，老师非常认真地备出一堂课，学生却爱听不听，这让我常备感受伤，不断怀疑语文老师存在的价值。用一句话来形容目前的教学状态，就是"老师辛辛苦苦，学生轻轻松松，效果马马虎虎"。而进行专题学习后，我被解放出来，我的主要任务是阅读作品，围绕专题选取适合学生的阅读材料。这样我的备课重心转移到了学习内容的选择上，我才有时间作海量阅读，遨游在书海之中。这才是语文老师的根本任务所在。

老师的成长归根到底是为了促进学生的成长，这才是教育教学的终极目的。学生的成长主要体现在以下几个方面。

一是学生主动性增强，学习突破了时空的限制。学生主动来找我说，这样上课阅读量很大，而且课堂秩序更好，他们可以根据自己的学习能力控制阅读的速度和阅读量，未完成的还可以回家再读。的确，专题学习突破了时空的限制，学生的学习延伸到了课堂之外。学生的 QQ 群常常会分享上课的阅读资料，学生下课会主动索要复习资料，师生间、学生间课下会共同探讨作文选题，这是实施专题学习之前所没有过的。

二是学会潜心静气地阅读作品。专题学习使语文真正回归到阅读和写作上来。现在的学生过于浮躁，习惯于快餐文化，不少学生已经习惯于学习语文仅限于读教科书，潜心阅读一本书的习惯基本没有。如能长期坚持专题学习，我想学生的阅读习惯一定可以得到极大地改善，学生的专注力也能极大地提高。

三是学生的知识面和思维的广度、深度都有了一定程度的提升。经过阅读思考，学生的知识面明显拓宽了，习作中学生的思维百花齐放了。在思考战争这个问题时，学生可以辩证地看待战争，不再以偏概全，或盲目地全盘接收。

当然此次战争专题的学习仍然存在一些遗憾，比如所提供的文本导向性太强，教师的引导比较单向，价值导向性过于突出。整个学习中现代化信息技术的运用显得不足，跨媒介学习资源引入偏少。期待与同人们共同努力优化专题学习，创造语文学习的新天地！

二、学生反思

学生的反思呈现出几个特点：一是都提到了所阅读文本对自己的触动。学生在反思中不断提及所阅读过的作品，真正实现了“读过留痕”。二是珍爱和平的观念深入人心。几乎所有学生都站在反战的立场上，主张和平，呼唤人道主义精神。三是能拓展延伸、学以致用。不少阅读面较广的学生，在走进文本之后，又能走出文本，能联系历史、时事政治、生活实际谈感悟。

不足之处在于在看待战争的问题上缺乏辩证思考，将战争问题简单化。比如，在分析战争性质时，还应该认识到正义战争(比如反侵略战争)的必要性。在评论中国当代战争作品时，有个别同学的言语有些偏激，个人感情色彩过于强烈，缺乏理性、客观的态度。

孙士喆：

连续三周的战争专题学习，在最后一堂讨论课中落下帷幕，大家都了解了很多新的知识，接着就是自己沉思与琢磨了。

在这一专题中，我的思路，比上一次清晰了很多。这也是及时复习和与同学讨论的结果。老师给的文本很多，其中李康安《我只是遵守战争规则》给了我很大的触动和共鸣。

文章强调，在中国古代，不少人在战争中太过信奉战争规则而导致失败。战争时期，很多人依然遵循着“仁义礼智信”的规则。泓水之战中被人耻笑的领导者——宋襄公就是一个例子，因为他在已经使用诡诈的战争中依旧坚守仁义，因而错过了进攻的良机，走向了失败，一味地信奉这般“仁义之术”，最后只能以失败告终。

在泓水之战之后，“成列而鼓”的时代就此终结，诡诈的兵法正式登上战争舞台，那依靠残酷杀戮而夺取战争胜利的方式，让无数与战争毫无关联的平民惨遭屠杀，无数的老人小孩在战火中死去。战争的发起者并不注意这一点，因为利益才是他们眼中最重要的东西。

但在我看来，若沉浸在扩张领土、追求利益之中，那么这个国家将最终走向灭亡。据我所知，在中国秦汉时期，有一个庞大的帝国，他们以西域为根据地，最远征战到欧罗巴大陆，其中一个领袖阿提拉被欧洲人称为“上帝之鞭”，他们就是——匈奴。但是，转瞬之间，这庞大的帝国迅速瓦解，在历史的江河中无力地摇摆着。他们失败的原因，就是他们惨绝人寰的屠城和杀降的行为。

匈奴的时代离我们太过遥远，但是二战的惨痛记忆我们永远不会忘记。德国法西斯的军事装备，是当时最强大的，但是他们的杀戮，使得他们最后走向了衰败。南京大屠杀的制造者日本也一样，那毫无人道的屠杀和侵略，使得他们成为世界人民的公敌。

话已至此，相信大家也明白许多，在战争面前，表面上有利无弊的诡诈战术，事实上是一颗巨大的定时炸弹，在利益不断扩大时，炸弹的引信也会同时点燃。最后，得不偿失。

但是，仁义之术容易受人欺凌，诡诈之道又惨绝人寰，那么到底有没有一种好的办法，可以阻止战争，且不会受人欺凌呢？让我们把目光转向苏格兰公投。苏格兰和英格兰之间存有矛盾，在很长的时间里苏格兰财团和英格兰财团都一直以战争来解决领土问题。合并之后，苏格兰依然想脱离英联邦，于是开始了苏格兰独立公投。这次公投的全程都是在和平友好的氛围中进行，结果让众人满意。因此，解决争端，不是靠一味地礼义至上，更不能靠残忍的诡诈之术，而要用理性沟通的方式化解冲突，最后达到目的。

理性沟通化解冲突，既是对于人性的尊重，也是对己方利益的保证，如此两全其美，何乐而不为呢？让我们一起呼唤理性沟通，拥抱和平吧！

詹颖：

现在看似和平的世界真的和平吗？其实不然，只能说是相对地和平，因为仍然有一些小国家的人民还活在水深火热之中，还在经受战乱之苦。21世纪，叙利亚。印象中，这是一个美丽的小国，首都大马士革以及它的各个古代遗址都散发着历史的气息，引来无数游人来此观赏。在城区中人们来来往往，虽说不上是繁荣，但也是相对和平的城市。而在郊区，那里的人们天天同死神斗争。

在和平中成长起来的我们，太缺少和平、自由、平等、博爱观念的教育，有关黑暗的纷争我们都不曾见到，但是这不是我们忘记历史的理由。我们生在和平年代，国家一直稳步前进了，难道我们就能因此陶醉在奢靡享乐之中吗？前辈们用他们的心血筑起了和平之城，难道我们就能让它在我们手中崩塌吗？联合国总部的花园里那把打了结的枪，难道我们就能让它再次松开吗？答案当然是否定的，我们绝对不能再让人类的血染红太平洋。

孟子曾说，“生于忧患而死于安乐”，因此我们要吸取人类历史惨痛的教训，在安定的生活中也决不懈怠，要好好珍惜和平和安定，并努力为人类建设和平社会。用自己的双手，用自己的行动告诉世界：我们热爱和平，永远不要战争。

李锦龙：

呼吁和平，拒绝战争，这是当今大部分人类所希望的。人类总是有着某种特殊的情结，战争和暴力情结就是从原始人类的天性中遗留下来的。这种潜藏在人性中的暴力天性，就算是现代文明和道德也很难将它们彻底地消除。人类的文明要想延续，就必须克服残存的暴虐天性，认识到战争和暴力的残酷和非人道的一面。

人类这种残忍的天性，在和平年代由于各种道德和法律手段的制约，只能通过其他的方式表现出来。西方渲染暴力和战争行为的影视文学的泛滥，引发出一些严重的社会问题。这让一些有识之士开始警觉，他们深刻而严肃地探讨和反思人类暴力和战争现象的起源。这是一种站在人类文明更高水平上的理性思考，形成了一种思潮。

在现实生活中，影视、小说、漫画、游戏以及一些竞技性体育项目，都和战争形影不离。人类常常试图通过模仿这些暴力活动，通过虚拟战争得到满足，这种现象需要警惕。

战争带给我们的伤害太多太多，我们需要警惕，需要思考，需要自制。不能让悲剧在我们身上重现！

任琳琳：

这是一次成功的专题学习。记得第一次体验专题学习，我们都很兴奋，看着同学的作品刊登在《七迹札》上，觉得太有意义了。而本次战争专题，相较于上次，少了稚嫩，多了一份沉着。不再是浮光掠影，而是能潜心静气地投入阅读思考中。

潘奕杰：

专题学习给了我们更多的阅读、讨论的时间。感觉和大家一起讨论很开心，也在与大家的交流中明白了自己的很多不足，得到了很多很好的建议，受益匪浅。这是一种开放的学习方式，为它点赞。